ŒUVRES COMPLÈTES

DE

M. WASHINGTON IRVING,

TRADUITES DE L'ANGLAIS

SOUS LES YEUX DE L'AUTEUR,

Par M. LEBÈGUE D'AUTEUIL.

TOME PREMIER.

CONTES D'UN VOYAGEUR.

PREMIÈRE PARTIE.

PARIS,

CHEZ BOULLAND ET Cie, LIBRAIRES,

PALAIS-ROYAL, GALERIE DE BOIS, No 254.

JANVIER 1825.

OEUVRES COMPLÈTES

DE

M. WASHINGTON IRVING.

IMPRIMERIE DE J.-L. CHANSON,
rue des Grands-Augustins n° 19

OEUVRES COMPLÈTES

DE

M. WASHINGTON IRVING,

TRADUITES DE L'ANGLAIS

SOUS LES YEUX DE L'AUTEUR,

Par M. LEBÈGUE D'AUTEUIL.

TOME PREMIER.

CONTES D'UN VOYAGEUR,

PREMIÈRE PARTIE.

PARIS.

Chez BOULLAND et Cⁱᵉ, Libraires.
Palais-Royal, Nº 254.

JANVIER 1825.

AVIS DES EDITEURS.

Cette traduction a été soumise à M. Washington Irving, qui réside à Paris depuis quelque temps : elle aura donc au moins le mérite de rendre avec fidélité la pensée de l'auteur.

Les ouvrages publiés jusqu'à ce jour par cet ingénieux écrivain, que les Anglais ont surnommé le Sterne et l'Adisson de l'Amérique, sont traduits dans presque toutes les langues de l'Europe. Notre édition, dont les quatre premiers volumes paraîtront avant la fin de janvier 1825, se compose :

1º Des CONTES D'UN VOYAGEUR, divisés en quatre parties, qui n'ont aucune liaison entr'elles; savoir :

HISTOIRES D'UN HOMME AUX NERFS SENSIBLES. — BUCKTHORNE ET SES AMIS. — LES BANDITS ITALIENS. — LES TRÉSORS CACHÉS; ensemble, 4 vol. in-12.

Nous détachons du recueil des *Contes* la première partie, mise en vente le premier janvier 1825, pour satisfaire à l'impatiente curiosité du public, excitée par le juste éloge qu'ont fait de ce livre la plupart des journaux de Paris, et notamment *le Journal des Débats*, quand ils ont annoncé, au mois de novembre 1824, que nous comptions mettre sous presse la présente traduction, déjà terminée alors, mais qui devait encore être mise sous les yeux de M. Washington Irving.

2° KNICKERBOCKER, HISTOIRE FACÉTIEUSE DE NEW-YORK, 4 vol. in-12.

3° LE CHATEAU DE BRACE-BRIDGE, 4 vol. in-12.

4° LE LIVRE D'ESQUISSES, 4 vol. in-12.

5° SALMIGONDIS, 4 vol. in-12.

Ces *vingt volumes* se succéderont avec la plus grande rapidité : ils seront suivis des nouvelles productions dont la littérature anglaise espère se voir enrichir bientôt par le même auteur, qui est dans toute la force de l'âge et du talent.

CONTES
D'UN VOYAGEUR.

PREMIÈRE PARTIE.

Histoires d'un homme aux nerfs sensibles.

CONTES D'UN VOYAGEUR.

LE GRAND INCONNU.

Les histoires qu'on va lire m'ont été racontées par le même individu aux nerfs irritables qui m'apprit l'anecdote romanesque du gros Monsieur, publiée dans le *Château de Brace-Bridge* (1). Il

---

(1) *Le Château de Brace-Bridge* est un des romans de M. Washington Irving, auteur de ces Contes. On y trouve une singulière histoire dans le chapitre XIV, intitulé : *The stout gentleman.*

Sir Walter Scott fait allusion à ce chapitre

est bien singulier qu'on s'obstine toujours à me regarder comme le témoin de cette aventure, quand j'ai pris soin

dans l'Introduction de son *Pévéril du Pic*; voici le passage :

« L'auteur de *Waverley* entra, homme gros
» et grand ; ses traits étaient largement dessi-
» nés, et formaient plutôt une physionomie
» lourde qu'une expression d'esprit ou de génie.
» Le prolongement de son nez était remar-
» quable ; son ventre était assez saillant ; son
» âge paraissait au-dessus de cinquante ans,
» mais ne pouvait pas s'élever à soixante. Son
» air de santé, la force et l'étendue de sa voix,
» la fermeté de sa démarche, la rotondité de
» son mollet, son *hem!* sonore, et l'emphase
» de son éternuement, attestaient une consti-
» tution solide.

» Au premier coup d'œil, je crus voir dans
» cet homme de belle taille l'individu robuste
» qui fournit un thème si varié de suppositions
» à notre amusant et élégant voyageur du
» royaume d'Utopie, M. Geoffrey Crayon. J'é-
» tais disposé à croire que maître Crayon, en

d'affirmer d'une manière positive qu'on m'en a fait le récit, et quand j'ai donné le signalement du narrateur. Je proteste que jamais rien de semblable n'est arrivé en ma présence. Je n'aurais pas songé cependant à me plaindre, si l'auteur de *Waverley*, dans son Introduction au roman de *Pévéril du Pic*, n'avait prétendu qu'il était lui-même le personnage dont on citait l'embon-

----

» cette occasion mémorable, avait réellement
» passé quelque temps dans le voisinage de
» l'auteur de *Waverley*. »

Une note des éditeurs sur ce passage rappelle au lecteur que l'amusant et élégant écrivain dont parle sir Walter Scott est M. Washington Irving, « que les Anglais ont surnommé
» l'Addisson américain. Sous le nom fictif de
» Geoffrey Crayon, il a publié *the Sketch-*
» *Book* et *Brace-Bridge-Hall*. Le premier de
» ces ouvrages est dédié à sir Walter Scott. »

(*Note du traducteur.*)

point. Depuis lors, j'ai été constamment importuné par les questions et les lettres de plusieurs lecteurs, et surtout d'une infinité de dames, qui ont voulu savoir ce que j'ai vu du *Grand Inconnu* (1).

C'est là un véritable supplice. N'est-ce pas comme si on vous félicitait d'avoir gagné le gros lot, quand vous n'avez qu'un billet blanc? car enfin je désire, tout autant que le public, de pénétrer le mystère qui enveloppe ce singulier

---

(1) Les romans de sir Walter Scott n'ont jamais été avoués par l'auteur. Tous ses lecteurs savent à qui appartiennent ces étonnantes productions, quoique l'admirable écrivain persiste à les publier sous des noms supposés ; quelquefois il annonce que tel ouvrage nouveau est de l'*auteur* de *Waverley*; mais celui-ci ne s'est pas encore nommé. Les Anglais, en conséquence, le désignent souvent sous le titre assez bizarre du *Grand Inconnu*.

(*Note du traducteur.*)

personnage dont la voix remplit tout l'univers, sans que personne puisse dire d'où elle vient.

Mon ami l'homme aux nerfs délicats, qui a les habitudes très-casanières et réservées, se plaint aussi d'être molesté constamment, depuis qu'on le désigne dans son voisinage comme l'heureux mortel qui s'est trouvé là ; ce bruit lui attire une fatigante célébrité dans deux ou trois villes de province, où l'on ne cesse de l'inviter à se faire voir à de petites réunions littéraires (1), unique-

---

(1) Les Anglais appellent *bas bleus* (*blue stockings*) les dames qui s'occupent, avec affectation, de littérature ou de beaux-arts, surtout les femmes-auteurs. On désigne sous le nom de *sociétés de bas bleus* (*blue stocking parties*) ces sortes d'assemblées bourgeoises où les deux sexes étalent à l'envi leurs petites prétentions pédantesques.

(*Note du traducteur.*)

ment parce qu'il est ce Monsieur qui eut le bonheur d'entrevoir l'auteur de *Waverley*.

En vérité, le pauvre homme en a les nerfs encore plus malades pour avoir appris, sur de si bons renseignemens, quel était le personnage; il ne se pardonnera jamais de n'avoir pas tenté quelque effort pour l'examiner plus à l'aise. Il tâche de se rappeler avec exactitude celui qu'il a vu; et depuis lors il fixe toujours un œil curieux sur tous les particuliers d'une taille un peu plus qu'ordinaire qui entrent dans une diligence. Mais en vain! les traits qu'il a pu saisir à la dérobée semblent appartenir à toute la race des individus corpulens; et le *Grand Inconnu* continue d'être aussi inconnu que jamais.

Après avoir exposé d'abord ces circonstances, je laisserai maintenant l'ami aux nerfs sensibles continuer ses histoires.

LE DINER DE CHASSE.

J'assistais un jour à un dîner de chasseurs donné par un vieux baronnet, grand amateur de la chasse au renard, qui tenait gaîment son ménage de garçon, et habitait, dans une de nos provinces du centre, un château à tourelles, ancienne propriété de famille. Il avait été autrefois admirateur passionné du beau sexe; mais, après avoir étudié avec beaucoup de succès les femmes des divers pays pendant le cours de ses nombreux voyages, il était revenu chez lui, possédant, à ce qu'il s'imaginait, une profonde connaissance des ruses féminines, se croyant, de plus, passé maître en l'art de plaire : mais il essuya la mortification d'être trompé par une petite pensionnaire à peine à l'alphabet de la science de l'amour.

Le baronnet, complètement abattu par une si incroyable défaite, se retira, dégoûté du monde; il se mit sous la domination d'une vieille domestique de confiance, et il s'occupa de la chasse au renard, comme un vrai Nemrod. Quoi qu'en puissent dire les poètes, l'homme guérit de l'amour en vieillissant; et une meute de chiens peut chasser de son cœur jusqu'au souvenir même d'une divinité de pensionnat. Le baronnet, à l'époque où je le vis, était bien le plus gai, le plus vert des vieux garçons que jamais chien courant ait accompagné ; l'amour qu'il avait éprouvé jadis pour une seule femme s'était répandu sur le sexe entier; de sorte qu'il n'y vait pas dans toute la province un seul joli minois qui n'eût part à l'affection du vieillard.

Le diner avait duré fort tard. Comme dans la maison il n'y avait aucune dame qui pût nous attirer au salon, la bouteille circulait avec toute l'indépendance du célibat, et n'avait point cette fois à redouter la rivalité de la bouilloire à thé, sa puissante ennemie. Les échos de la vieille salle répétaient les joyeux éclats des chasseurs, dont le bruit ébranlait jusqu'aux trophées suspendus à l'antique muraille. Par degrés cependant la bonne chère (1) de mon hôte opéra sur des convives que la chasse avait déjà

---

(1) Le texte dit : *le vin et le wassail* ; cette dernière liqueur, faite avec des pommes, du sucre et de la bière, est connue surtout dans le Staffordshire et les provinces environnantes ; mais c'est ici une locution, en quelque sorte pro-

fatigués. Leur esprit qui, au commencement du dîner, lançait des éclairs, ne donnait plus que des étincelles; il s'éteignit peu à peu, ou du moins il ne se manifesta que par des lueurs rares que jetait encore le foyer de lumière. Maint intrépide causeur, dont la voix avait d'abord retenti avec tant d'éclat, tomba dans un profond assoupissement; personne ne pouvait continuer à fournir

───────────────

verbiale, qui indique toutes les boissons choisies dont on régale ses convives. C'est ainsi que dans Shakspeare lady Macbeth (Acte Ier, scène VII) dit :

« .... His two chamberlains
» Will I with wine and wassel so convince... »

Passage que les traducteurs ont fort bien rendu par ces mots : *J'aurai soin, moi, à force de vin et de santés, de décomposer si bien ses deux chambellans*......... (*Voyez* Shakspeare, édition de Ladvocat, tome III, page 384; in-8°.)

(*Note du traducteur.*)

sa carrière, excepté quelques discoureurs à longue haleine, qui ne s'étaient pas fait remarquer au commencement de la conversation, mais qui brillaient vers la fin, semblables à ces chiens de chasse à courtes jambes qui ne manquent jamais d'assister à la mort de la bête. Ceux-ci même cessèrent de parler, et bientôt on n'entendit plus d'autre bruit que la musique nasale de deux ou trois vétérans de la mâchoire, qui, ayant gardé le silence lorsqu'ils étaient éveillés, voulaient en dédommager la société pendant leur sommeil.

Enfin, l'annonce du thé et du café, qu'on venait de préparer au salon, arracha les esprits à cette torpeur momentanée. Tout le monde se réveilla singulièrement dispos; on savoura le breuvage rafraîchissant servi dans l'antique porcelaine héréditaire du baronnet, et l'on finit par songer à se retirer chacun chez soi. Mais ici s'éleva une difficulté imprévue : tandis que nous avions prolongé notre dîner, une violente tempête d'hiver avait éclaté ; la neige, la pluie, le grésil, se joignaient à de si terribles bouffées de vent, que nous étions menacés d'être percés jusqu'aux os.

« Il ne faut pas songer, » dit l'hospitalier baronnet, « à mettre le nez » dehors par un si mauvais temps ; » ainsi, Messieurs, vous êtes mes » hôtes, au moins cette nuit, et vos » appartemens vont être préparés en » conséquence. »

La tempête, qui devenait de plus en plus violente, ne permettait aucune objection contre cette offre hospitalière. Restait seulement à savoir comment, dans une maison déjà remplie, la femme de charge, prise à l'improviste, placerait un tel surcroît de compagnie. « Bah! » dit mon hôte, » ne savez-vous pas que

» l'habitation d'un célibataire se prête
» à tout, et qu'elle est capable de re-
» cevoir deux fois autant de monde
» qu'elle n'en peut contenir? » Pendant
ce débat amical, la gouvernante fut appelée pour assister à la discussion. La
vieille dame, en gala, parut vêtue d'une
robe de brocard fané, que l'agitation de
la marche faisait bouffer en bruissant;
car, malgré la jactance du baronnet,
la femme de charge était bien embarrassée. Mais chez un garçon, et avec
des hôtes garçons, ces sortes d'affaires
s'arrangent promptement. Il n'y a point
là de maîtresse de maison qui se fasse
scrupule de loger des gens comme il
faut dans de vilains coins et dans des
trous, de peur de montrer ainsi les parties négligées de son château; la gouvernante d'un vieux célibataire est accoutumée aux cas fortuits et aux expé-
diens. Aussi, après beaucoup d'allées et

de venues ; après avoir passé en revue la chambre rouge, la chambre bleue, la chambre à tenture d'indienne, la chambre à tenture de damas, et puis encore la petite chambre à croisée ceintrée, tout se trouva définitivement réglé.

Quand on eut pris ces dispositions, nous fûmes invités encore une fois à goûter le plaisir le plus constant de la campagne : un nouveau repas fut servi. Le temps écoulé à faire la sieste après le dîner, à nous rafraîchir et à discuter dans le salon, suffisait, selon le sommelier aux joues rubicondes, pour avoir excité en nous l'appétit nécessaire au souper. Ce léger repas, préparé sur la desserte du dîner, se composait d'un aloyau de bœuf froid, d'un hachis de venaison, de cuisses de dindon, ou de quelque autre volaille, et de plusieurs bagatelles, recette ordinaire des campagnards pour se procurer un profond sommeil et de longs ronflemens.

La sieste après le dîner avait éclairci nos idées. Les embarras de mon hôte et de sa gouvernante avaient aiguisé l'esprit caustique de certains hommes mariés de la société, qui se croyaient autorisés à rire du ménage d'un garçon. Toutes leurs plaisanteries roulaient sur l'espèce de chambre que chacun allait trouver, ayant ainsi un billet de logement impromptu dans un si antique manoir.

« Sur mon ame », dit un capitaine de dragons irlandais, un des plus gais et des plus pétulans des convives, « sur mon ame, je ne serais pas surpris » de voir quelques-uns de ces illustres » personnages, suspendus là aux mu- » railles, parcourir nos appartemens » pendant cette nuit orageuse, ou bien » de trouver chez moi le fantôme de

» l'une ou l'autre de ces nobles dames
» à longue taille, qui aurait pris par
» erreur mon lit pour sa tombe du ci-
» metière. »

« Croyez-vous donc aux esprits? » lui dit un petit Monsieur à la face épanouie, aux yeux saillans comme ceux de l'écrevisse.

J'avais reconnu ce dernier personnage, pendant tout le dîner, pour un de ces éternels questionneurs, possédé par une insupportable et incurable démangeaison de parler. Il ne semblait content d'aucune histoire ; jamais il ne riait de ce que tous les autres trouvaient plaisant ; il mettait toujours l'hilarité à la torture. Il ne pouvait savourer l'amande de la noix; mais il s'obstinait à tirer autre chose de la coquille. « Croyez-vous donc aux esprits? » dit l'homme aux interrogations. — Oui, sur ma foi, répondit le jovial Irlandais : je suis élevé dans la crainte et la croyance des esprits ; ma propre famille avait une *Benshee*, mon cher. — Une *Benshee* ! et qu'est-ce que cela ? reprit le questionneur. — Ce que c'est ? un vieux génie femelle, protecteur des familles de race vraiment Milésienne, qui se tient à la croisée pour annoncer la mort de quelqu'un des leurs. — Voilà, parbleu, une belle information ! s'écria un vieillard qui avait l'air de faire l'entendu, et qui donnait à son nez mobile une inflexion bisarre, quand il se disposait à quelque malice. — Sur mon ame, sachez que c'est une grande distinction d'être protégé par une *Benshee* : c'est la preuve qu'on a un sang pur dans les veines. Mais, puisque nous en sommes sur les esprits, je crois qu'il n'y eut jamais de maison ni de nuit plus convenables pour une aventure de revenans. Je vous en prie, sir John, n'avez-vous pas quelque chambre hantée par un esprit? — Mais oui, répondit le baronnet, en riant, peut-être bien pourrais-je vous satisfaire sur ce point. — Oh! j'aime cela par-dessus toute chose; une chambre sombre, boisée en chêne, avec de tristes et vilains portraits qui font la grimace à tout le monde, et sur laquelle notre vieille gouvernante sache une infinité de délicieuses histoires d'amour et d'assassinats; qu'il y ait aussi une lampe qui n'éclaire point; une épée rouillée, posée sur une table, et un spectre tout en blanc qui vienne à minuit ouvrir les rideaux du lit! »

« En vérité, » dit un vieux personnage, assis à un bout de la table », vous me rappelez une anecdote.... »

« Oh! une histoire de revenans, une histoire de revenans! » s'écria toute l'assemblée, chacun approchant un peu sa chaise.

L'attention des convives était maintenant fixée sur le dernier interlocuteur. C'était un vieillard dont les deux profils ne s'accordaient pas trop bien ensemble. Une de ses paupières pendantes s'affaissait comme un volet de croisée dont la charnière s'est détachée. Tout un côté de sa tête avait l'air délabré comme une aile de bâtiment fermée, qu'on abandonne aux revenans. Je garantis que ce côté-là était bien meublé d'histoires de spectres.

Il y eut une demande générale pour le récit annoncé.

« Bah ! dit le vieillard, ce n'est qu'une anecdote, et encore assez commune ; mais je vous la donnerai telle qu'elle est. Mon oncle m'a raconté cet événement comme lui étant arrivé à lui-même. Il était fait pour les aventures étranges ; je lui en ai entendu citer d'autres beaucoup plus singulières. »

« Quel homme était-ce que Monsieur

votre oncle? demanda le questionneur. —Mais, un grand corps sec, assez malin personnage, déterminé voyageur, aimant à conter ses aventures. — Et, dites-moi, je vous prie, quel âge avait-il quand celle-ci lui arriva? — Quand quoi lui arriva? s'écria d'un ton impatient l'homme au nez mobile. — Eh! mon Dieu! dirent les autres, vous n'avez donné à rien le temps d'arriver. Ne vous embarrassez pas de l'âge de notre oncle; sachons ses aventures. »

L'homme aux questions ayant été, pour le moment, forcé de se taire, le vieux conteur à la tête aux apparitions continua comme on va voir.

L'AVENTURE DE MON ONCLE.

Il y a bien des années, un peu avant la révolution française, mon oncle venait de passer quelques mois à Paris. A cette époque, les Anglais et les Français vivaient ensemble sur un meilleur pied qu'à présent, et ils aimaient à se réunir dans le monde. Alors les Anglais voyageaient pour dépenser de l'argent, et les Français ne demandaient pas mieux que de les aider. Aujourd'hui, c'est par économie qu'ils voyagent, et ils n'ont pas besoin pour cela du secours des Français. Peut-être les voyageurs anglais, jadis moins nombreux, étaient-ils mieux choisis que de nos jours, où toute la nation semble avoir débordé en masse pour aller inonder le continent. Quoi qu'il en soit, ils circulaient avec plus de facilité, ils se trouvaient bientôt répandus dans les sociétés étrangères. Mon oncle, surtout, pendant son séjour à Paris, avait eu beaucoup de liaisons particulières parmi la noblesse française.

Voyageant, au milieu de l'hiver, à la chute du jour, dans cette partie de la Normandie qu'on nomme le pays de Caux, il découvrit les tourelles d'un ancien château, par dessus la cime des arbres d'un parc entouré de murs; chaque tourelle, avec son toit d'ardoises grisâtres terminé en sommet aigu, ressemblait à un flambeau surmonté d'un éteignoir.

« Mon ami, à qui appartient ce château? » demanda mon oncle au maigre et fougueux postillon, qui galoppait devant lui, les jambes enfoncées dans d'énormes bottes fortes et la tête ornée d'un chapeau retroussé. — A Monseigneur le Marquis de......., répondit le postillon, portant la main à son chapeau, en partie par respect pour mon oncle, et en partie par égard pour le nom illustre qu'il prononçait.

Mon oncle se rappela que le Marquis, une de ses connaissances les plus intimes à Paris, lui avait souvent exprimé le désir de le recevoir au noble manoir paternel. Notre vieux voyageur s'entendait merveilleusement à tirer parti des circonstances : une minute de réflexion lui suffit pour calculer à quel point son ami le Marquis serait agréablement surpris par cette visite imprévue, mais surtout quel agrément il y aurait, pour l'hôte inattendu, à s'installer dans un bon château, à faire connaissance avec la cuisine très-renommée du Marquis, et à goûter ses excellens vins de Champagne et de Bourgogne, plutôt que de se voir caserné dans une misérable auberge de province, et d'y être condamné à un misérable repas. En quelques instans, le maigre postillon, faisant avec son fouet un bruit d'enfer, comme un vrai démon ou comme un véritable Français, enfila rapidement la grande avenue qui conduisait au château.

Sans doute, chacun de vous a vu des châteaux français, puisqu'actuellement tout le monde traverse la France. Celui-ci était des plus anciens, isolé au milieu d'un désert de promenades en sable ou en gravier, et de froides terrasses en pierre de taille, avec un jardin froidement régulier, dessiné en losanges, en ronds et en carrés, un parc bien froid dépouillé de feuillage, et symétriquement coupé par des allées droites, deux ou trois froides statues sans nez, et des fontaines d'où jaillissait de l'eau froide, en assez grande quantité pour vous faire claquer les dents. Telle était, du moins, la sensation que produisait cet ensemble, dans la journée d'hiver consacrée à la visite de mon oncle ; quoiqu'au milieu de l'été le sol aride eût assez d'éclat, je vous assure, pour vous crever les yeux.

Le bruit du fouet du postillon, qui redoublait à mesure qu'on approchait, fit partir les pigeons du colombier, les corneilles des toits, et les domestiques du château, le Marquis à leur tête. Celui-ci fut enchanté de voir mon oncle ; car il n'y avait pas alors chez lui, comme chez notre digne ami, beaucoup plus de visiteurs qu'on n'en pouvait loger. Il embrassa donc mon oncle sur les deux joues, à la manière française, et il l'introduisit au château.

Le Marquis fit les honneurs de sa maison avec toute l'urbanité de son pays. Au fait, il était fier de son vieux manoir, dont une partie au moins était fort ancienne. Il y avait une tour et une chapelle bâties de temps immémorial; mais le reste était plus moderne, le château ayant été presque démoli pendant les guerres de la Ligue. Le Marquis s'étendait sur cet événement avec une grande satisfaction; et il paraissait avoir voué à Henri IV un sentiment particulier de gratitude, en raison de l'honneur que lui fit jadis ce prince de trouver que ce manoir valait la peine d'être battu en ruines. Il racontait maintes histoires des prouesses de ses ancêtres, et il montrait quantité de casques, d'armets, de heaumes, d'arbalètes, de bottes immenses, de collets de buffle portés par les ligueurs; surtout on y voyait une longue épée à large poignée, qu'il pouvait manier à peine, mais qu'il exposait aux regards, afin de prouver qu'il y avait eu des géants dans sa famille.

Pour lui, c'était un bien chétif descendant de si grands guerriers. Quand on contemplait dans leurs portraits ces figures imposantes et ces formes robustes, et qu'alors les yeux se portaient sur le petit Marquis avec ses jambes de fuseau, et ses joues livides et creuses, flanquées d'une paire d'ailes de pigeon qui semblaient prêtes à s'envoler avec cette face de lanterne, on pouvait à peine s'imaginer qu'il appartînt à la même race. Mais dès que l'on apercevait ses yeux étincelans comme ceux d'un scarabée, aux deux côtés de son nez aquilin, on voyait tout de suite qu'il avait hérité de la pétillante valeur de ses aïeux. En vérité, chez un Français, quand même le corps dégénère, l'esprit guerrier ne s'exhale jamais ; il est plutôt raréfié; il acquiert un plus fort degré d'inflammation à mesure que les parties animales diminuent ; et j'ai vu tel petit nain français, bien fougueux, assez pourvu de courage pour en fournir raisonnablement à un géant passable.

Quand le Marquis, comme il le faisait quelquefois, mettait un de ses vieux casques accrochés au mur de la grande salle, quoique sa tête ne le remplît pas mieux qu'un pois sec ne garnit une cosse ; ses yeux brillaient, du fond de cette caverne de fer, avec tout l'éclat de l'escarboucle : et lorsqu'il soulevait la pesante épée de ses ancêtres, vous auriez cru voir le valeureux David s'emparer de l'épée de Goliath, qui, entre les mains du guerrier encore enfant, semblait une poutre énorme.

Je m'arrête trop peut-être, Messieurs, au Marquis et à la description de son château ; mais vous me le pardonnerez ; c'était un ancien ami de mon oncle : et chaque fois que mon oncle racontait cette histoire, il prenait plaisir à donner des détails sur son hôte. Pauvre petit Marquis ! il fut, plus tard, de cette poignée de bons serviteurs, fidèles à la cause de leur souverain, qui opposèrent une résistance si noble, mais si vaine, à la populace furieuse qui envahit les Tuileries dans la funeste journée du 10 août; il déploya, jusqu'au dernier moment, la valeur d'un preux chevalier français : il brandit faiblement sa petite épée de gala, en se mettant en garde ; il fit le moulinet en face d'une légion de *sans-culottes*; mais il fut attaché à la muraille, comme un papillon, par la pique d'une poissarde ; et son ame chevaleresque fut portée au ciel sur ses ailes de pigeon.

Mais tout ceci n'a rien de commun

avec mon histoire ; allons au fait. Lorsque l'heure du repos fut arrivée, mon oncle se rendit à son appartement, situé dans une vieille tour. Cette partie, la plus ancienne du château, avait servi jadis de donjon ou de forteresse; la chambre n'était donc pas trop agréable : le Marquis la lui avait cependant destinée, parce qu'il regardait mon oncle comme un homme de goût, passionné pour les antiquités, et surtout parceque les meilleurs appartemens se trouvaient déjà occupés. En effet, il réconcilia mon oncle avec la chambre, dès qu'il lui eut nommé les grands personnages qui l'avaient habitée, et qui tous étaient, de manière ou d'autre, liés avec la famille du Marquis. S'il fallait s'en rapporter à sa parole, John Baliol, ou, comme il l'appelait lui, *Jean de Bailleul*, était mort de chagrin dans cette même chambre ; en apprenant les succès de Robert Bruce, son rival, et l'issue de la bataille de Bannockburn; et quand il eut ajouté que le duc de Guise y avait couché, mon oncle se félicita de l'honneur qu'il avait d'occuper un logement si remarquable.

La nuit était sombre et agitée; la chambre n'était pas des plus chaudes. Un vieux domestique, en grande livrée, à figure allongée, au corps maigre et grêle, qu'on avait mis à la disposition de mon oncle, posa une brassée de bois à côté de la cheminée, jeta un coup d'œil fort extraordinaire dans l'appartement, et souhaita un bon repos à mon oncle, en haussant les épaules, et avec une singulière grimace, qui, venant de tout autre que d'un vieux serviteur français, aurait pu donner quelque soupçon.

En effet, l'aspect d'une chambre si dégradée devait inspirer de la crainte et des pressentimens sinistres à tout lecteur de romans. Les fenêtres hautes et étroites avaient été jadis des meurtrières ; un travail grossier les avait élargies depuis, autant que le permettait l'extrême épaisseur de la muraille. Chaque bouffée de vent secouait avec bruit les espagnolettes mal affermies. Pendant une nuit orageuse, on aurait cru entendre les pas de quelques vieux ligueurs frappant le parquet de leurs bottes fortes, et faisant résonner leurs éperons. Une porte entr'ouverte, et qui, comme il arrive trop souvent aux portes en France, restait entre-bâillée en dépit du bon sens et de tous les efforts, donnait sur un obscur et long corridor, conduisant Dieu sait où, et qui semblait fait exprès pour les esprits quand ils viennent prendre l'air en sortant à minuit de leurs tombeaux. Le vent circulait dans ce passage avec de longs murmures, en faisant crier la porte, qu'il balançait comme si quelque revenant eût hésité s'il entrerait ou non. En un mot, ce vilain appartement était bien de toute manière celui qu'un esprit, s'il y en avait un dans le château, aurait choisi pour sa demeure.

Mon oncle, quoiqu'habitué aux aventures singulières, ne s'attendait cependant à rien pour le moment. Il essaya plusieurs fois de fermer la porte, mais en vain; non qu'il eût peur, car il était trop vieux routier pour s'effrayer de l'aspect un peu sauvage de sa chambre; mais, comme je l'ai dit, la nuit était froide et orageuse, le vent sifflait autour de la vieille tourelle, à-peu-près comme nous l'entendons ce soir à l'entour de l'antique maison où nous sommes. Du sombre et long corridor venait un air aussi humide et aussi glacial que celui d'un donjon. En conséquence, mon oncle ne pouvant tenir la porte close, jeta sur le feu une quantité de bois qui éleva dans l'énorme ouverture de la cheminée une flamme si vive que toute la chambre en fut subitement éclairée ; l'ombre que les pincettes projetaient sur le mur opposé présentait la figure d'un géant à longues jambes. Après cela, mon oncle grimpa au sommet de la montagne que formait la dixaine de matelas dont se compose un lit français ; celui-ci était enfoncé dans une profonde alcove : alors mon oncle s'enveloppa chaudement et s'enterra jusqu'au menton dans les draps. L'œil sur le feu, l'oreille attentive au bruit du vent, et l'esprit occupé de l'habileté avec laquelle il s'était procuré, pour une nuit, ce bon logement, il finit par s'endormir.

Il n'avait guère joui que de la moitié de son premier sommeil, quand il fut éveillé par l'horloge du château, dans la tourelle au-dessus de sa chambre; minuit sonna. C'était une de ces vieilles horloges que les esprits aiment tant ; elle faisait entendre un son lugubre et creux, avec une lenteur si fatigante que mon oncle s'imagina qu'elle n'en finirait jamais. Il compta et recompta les coups, jusqu'à être persuadé qu'il avait compté jusqu'à treize; et alors elle cessa.

Le feu languissait et la flamme du dernier fagot allait s'éteindre; elle ne jetait plus que de légères étincelles bleuâtres qui, de temps en temps, s'élevaient en longues lueurs blanches. Mon oncle avait les yeux à moitié fermés, et son bonnet de nuit s'abaissait jusque sur le nez; ses idées s'embrouillaient, et la scène actuelle se mêlait déjà aux images du Vésuve, de l'Opéra de Paris, du Colisée de Rome, des *Petites-Da-*

naïdes, du cabaret de Dolly, à Londres, et de tout le pot-pourri dont se farcit le cerveau d'un voyageur ; en un mot, il s'assoupissait : tout d'un coup il est réveillé par la marche lente d'un objet qui semblait s'avancer à petits pas dans le corridor. Mon oncle, comme je le lui ai entendu dire souvent lui-même, ne s'effrayait pas facilement. Il se tint donc tranquille, et supposa que ce pouvait être quelqu'autre étranger ou un domestique allant se coucher. Cependant les pas s'approchent de la porte, qui s'ouvre doucement ; mon oncle ne distingue pas bien si c'est d'elle-même ou si on la pousse ; une figure toute vêtue de blanc se glisse dans la chambre : c'était une femme d'une haute taille et d'un aspect imposant. Son ample robe à l'ancienne mode traînait sur le parquet. Elle s'approche du feu, sans regarder mon oncle, qui soulève d'une main son bonnet de nuit, et fixe sur la dame des yeux attentifs. Elle resta debout près de la cheminée. La flamme, qui se ranimait par intervalles et jetait alternativement quelques traits d'une lumière bleue et blanche, permit à mon oncle d'examiner cette figure avec soin.

Son teint était d'une pâleur livide, que la flamme bleuâtre du foyer rendait peut-être encore plus effrayante; ses traits n'étaient pas dépourvus de beauté, mais d'une beauté que voilaient trop les traces visibles des soucis et du chagrin ; ses regards annonçaient une femme accoutumée aux revers, mais que les revers n'avaient pu abattre ; on y lisait surtout l'expression d'une fierté indomptable et d'une constance courageuse. Telle fut au moins l'opinion de mon oncle, et il se croyait grand physionomiste.

Comme je vous le disais donc, la dame s'arrêta près du feu ; elle en approcha d'abord une main, puis l'autre, puis chaque pied tour-à-tour, comme si elle eût voulu se chauffer ; car les esprits, en général, si toutefois c'était un esprit, ont froid assez souvent. Mon oncle remarqua aussi qu'elle portait des souliers à talons, d'après un ancien usage, avec des boucles en pierres fausses ou en diamans, qui brillaient d'un vif éclat. Enfin, elle se retourna doucement, et jeta autour de la chambre un long regard avec ses yeux transparens comme le verre, qui, en se fixant sur mon oncle, figèrent le sang dans ses veines et la moëlle dans ses os. Alors elle éleva les bras vers le ciel, joignit les mains, et en se les tordant avec force, d'une manière suppliante, elle disparut lentement de la chambre.

Mon oncle resta couché quelque

temps, dans une profonde méditation sur cette visite. Quoiqu'il fût un homme ferme, ainsi qu'il me le fit observer en me racontant cette histoire, il n'en était pas moins un homme réfléchi, et il ne rejetait pas tout ce qui sortait du cercle ordinaire des événemens. Mais enfin, grand voyageur, comme je vous l'ai dit, et accoutumé aux aventures extraordinaires, il abaissa bravement son bonnet de nuit sur ses deux yeux, tourna le dos vers la porte, s'enveloppa les épaules avec les draps de lit, et peu à peu il s'endormit de nouveau.

Il ne savait pas combien de temps il avait dormi, quand il fut éveillé par une voix à côté du lit. En se retournant, il vit le vieux domestique français, dont les cheveux étaient roulés en deux boucles épaisses, de chaque côté d'un visage de parchemin, sur lequel une vieille habitude avait imprimé un sourire perpétuel. Cet homme, en faisant mille grimaces, demanda mille fois pardon à Monsieur de le déranger, mais il faisait jour depuis longtemps. Mon oncle s'occupa de sa toilette, dit quelques mots vagues pour en venir à la visite nocturne qu'il avait reçue; enfin, il finit par demander au domestique ce que c'était qu'une dame, habituée à se promener la nuit dans cette partie du château. Le vieux valet se mit à lever les épaules à la hauteur de la tête ; il posa une main sur le cœur, et ouvrit l'autre dans toute sa longueur, en étendant les doigts; puis il fit une grimace bisarre, s'imaginant que c'était une politesse; et il dit qu'il ne lui appartenait pas de se mêler des bonnes fortunes de Monsieur.

Mon oncle vit bien qu'il ne pourrait rien apprendre de satisfaisant de ce côté là. Après le déjeuner, il alla se promener avec le Marquis dans les appartemens modernes du château, glissant sur le parquet bien ciré de salons tendus en soie, dont le riche ameublement était d'or et de brocard; ils arrivèrent à une longue galerie de tableaux, où se trouvait une infinité de portraits, les uns peints à l'huile, les autres dessinés au crayon.

C'était-là un vaste champ ouvert à l'éloquence de son hôte, qui avait tout l'orgueil d'un gentilhomme de l'ancien régime. Chaque maison illustre de la Normandie, et presque toutes celles de la France, avaient été, de manière ou d'autre, alliées à sa famille. Tandis que mon oncle l'écoutait avec une secrète impatience, se posant tantôt sur un pied, tantôt sur l'autre, le Marquis, avec ce feu et cette vivacité qui lui étaient ordinaires, énumérait les brillans exploits de ses ancêtres, dont les portraits étaient suspendus à la muraille;

tantôt les faits d'armes de ces rudes soldats habillés de fer, tantôt les intrigues galantes de ces beaux seigneurs aux yeux bleus, au visage riant, aux cheveux poudrés, en manchettes de dentelles, en habits pincés, de soie bleue et rose, et en culottes étroites; il n'oubliait pas les conquêtes de ces charmantes bergères en jupes à paniers, ayant la ceinture aussi mince que le milieu d'un sablier, qui semblaient gouverner leurs moutons et leurs bergers avec une houlette élégante ornée de rubans.

Tout-à-coup, au milieu des discours de son ami, mon oncle tressaillit à l'aspect d'un portrait en pied, qui offrait la parfaite ressemblance de la dame dont il avait eu la visite.

« Il me semble, dit-il en le désignant, que j'ai vu l'original de ce portrait. — Pardonnez-moi, répondit poliment le Marquis, cela est impossible; la dame est morte depuis plus de cent ans : c'était la belle duchesse de Longueville, qui s'est tant distinguée pendant la minorité de Louis XIV. —« Y a-t-il eu quelque chose de remarquable dans son histoire? »

Jamais question ne fut faite plus mal à propos. Le petit Marquis prit l'attitude d'un homme qui se dispose à un long récit. En effet, mon oncle s'était attiré toute l'histoire des troubles de la Fronde, auxquels la belle duchesse avait pris une part si active. Turenne, la Rochefoucauld, Mazarin, furent évoqués de la tombe ; il ne négligea point de rapporter la journée des barricades, ni la chevalerie des portes cochères. Mon oncle aurait souhaité d'être à mille lieues du narrateur et de son impitoyable mémoire, quand tout-à-coup la récapitulation du Marquis prit une tournure plus intéressante. Il avait raconté l'emprisonnement du duc de Longueville et des princes de Condé et de Conti au château de Vincennes, et les inutiles tentatives de la duchesse pour exciter les Normands à délivrer ces princes; il était arrivé au moment où elle avait été cernée par les forces royales dans le château de Dieppe.

« Le courage de la duchesse, poursuivit le Marquis, croissait avec les dangers. On s'étonnait de la voir, si belle et si délicate, résister aux fatigues avec tant d'intrépidité. Vous avez vu, peut-être, le château dans lequel elle était renfermée; vieille masure, posée en champignon sur la pointe d'une hauteur qui domine les murs enfumés de la petite ville de Dieppe.

» Pendant une nuit obscure et agitée, elle sortit secrètement par une étroite poterne que l'ennemi avait négligé de garder. La poterne existe encore de nos jours ; elle communique à un pont étroit, jeté sur un fossé profond entre le château et le sommet de la colline. La duchesse était accompagnée de ses femmes, d'un petit nombre de domestiques, et de quelques vaillans chevaliers restés fidèles à sa fortune. Son dessein était de gagner un petit port, à deux lieues de là, où elle avait fait préparer en secret un vaisseau pour s'échapper en cas de besoin.

» La troupe fugitive fut obligée de parcourir cette distance à pied. Quand ils arrivèrent au port, ils trouvèrent le vent à la tempête, la marée contraire, et le vaisseau à l'ancre, très-loin de la rade : il n'y avait pas d'autre moyen pour se rendre à bord que de prendre une chaloupe de pêcheurs, ballottée par les flots comme une coquille. La duchesse résolut de risquer l'entreprise. Les matelots tâchaient de l'en dissuader ; mais le danger imminent qu'elle courait en restant à terre, et son intrépide courage eurent le dessus. Elle fut portée à la chaloupe dans les bras d'un matelot. La violence du vent et des vagues était telle qu'il chancela, fit un faux pas, et laissa tomber dans la mer son précieux fardeau.

» La duchesse était sur le point de se noyer ; mais, soit par ses efforts, soit par la manœuvre des matelots, elle arriva au rivage. Dès qu'elle eut un peu recouvré ses sens, elle insista pour essayer de nouveau l'entreprise. La tempête, cependant, était devenue si violente qu'elle semblait braver tous les efforts. Un plus long délai exposait la pauvre dame à être découverte et reprise. Une seule ressource lui restait : elle se procura des chevaux ; monta, avec ses femmes, en croupe derrière ses fidèles chevaliers, et parcourut la province pour y trouver un asile provisoire.

» Tandis que la duchesse, continua le Marquis, en appuyant un doigt sur la poitrine de mon oncle, pour réveiller son attention, tandis que cette pauvre duchesse errait si désagréablement pendant la tempête, elle approcha de ce château. Son arrivée y excita quelque inquiétude ; car le bruit d'une troupe de chevaux, au milieu du silence de la nuit, dans l'avenue d'un château isolé, suffisait pour causer des alarmes, à cette époque de troubles et en un pays déjà si agité.

» Un grand chasseur, aux épaules carrées, armé jusqu'aux dents, prit les devans au galop, et vint annoncer le nom de la personne qui arrivait. Les inquiétudes se dissipèrent aussitôt. Toute la maison sortit avec des flambeaux pour recevoir la duchesse; jamais torches n'avaient éclairé une troupe de voyageurs plus harassés, plus couverts de boue que les fugitifs qui entraient dans la cour. Jamais on ne vit de visages si pâles et si défaits, d'habits aussi crottés que ceux de la pauvre duchesse et de ses femmes, montées chacune derrière un cavalier, tandis que les pages et les domestiques trempés, assoupis, ivres de sommeil, semblaient prêts à tomber de leurs chevaux.

» Mon aïeul reçut cordialement la duchesse. Il l'introduisit dans la salle du château; bientôt un feu vif et pétillant ranima la belle dame et sa suite; toutes les broches et toutes les casseroles furent mises en activité pour restaurer les voyageurs.

» Elle avait bien droit à notre hospitalité, continua le Marquis, en se redres-

sant avec un certain air de dignité; car elle était alliée à notre famille : je vais vous dire comment. Son père, Henri de Bourbon, prince de Condé........ —
« Mais la duchesse passa-t-elle la nuit dans ce château? dit, en l'interrompant, mon oncle, qui s'effrayait de l'idée d'être engagé dans la discussion généalogique du Marquis.

— « Oh! quant à la duchesse, elle fut logée dans le même appartement que vous avez occupé cette nuit, et qui, alors, était une espèce de chambre de parade. Sa suite était placée dans les pièces qui donnent sur le corridor voisin, et son page favori couchait dans un cabinet attenant. Le chasseur qui avait annoncé son arrivée montait et descendait le corridor, comme un garde ou une sentinelle. C'était un grand gaillard sombre, brusque, et qui paraissait d'une force étonnante : quand le rayon de la lampe du corridor éclairait ses traits prononcés et ses formes robustes, on l'aurait cru capable de défendre le château d'un seul bras.

» C'était une nuit noire et bien rude, comme dans cette saison......A propos... j'y songe à présent; la nuit passée était l'anniversaire de sa visite; je dois bien me rappeler la date, car c'est une nuit dont notre maison ne peut perdre le souvenir. Il existe sur cela une singulière tradition dans notre famille. Ici le Marquis hésita; un nuage sembla obscurcir ses yeux, et ses épais sourcils se contractèrent. « Il existe une tradition qu'un évènement étrange se passa cette nuit; un étrange, un mystérieux, un inexplicable évènement ! » Le Marquis s'arrêta et se tut.

— « Et cela avait-il rapport à cette dame? demanda vivement mon oncle.»

— « Il était à peine minuit, reprit le

Marquis, quand le château entier....»
Il s'arrêta ici de nouveau ; mon oncle fit un mouvement d'impatience et de curiosité.

— « Excusez-moi, dit le Marquis et une légère teinte de rougeur se répandit sur son visage ; il y a certaines circonstances, liées avec l'histoire de notre famille, que je n'aime point à rapporter. C'étaient des temps difficiles ; une époque de grands crimes parmi les grands ; car vous savez que le sang noble, lorsqu'il fermente, ne circule pas comme celui de la canaille. Pauvre dame ! Mais j'ai certain orgueil de famille qui..... Pardon.... changeons de conversation, s'il vous plaît. »

Cela piquait encore plus la curiosité de mon oncle. Une si pompeuse et magnifique introduction lui avait fait espérer quelque chose de merveilleux dans l'histoire à laquelle elle servait, pour ainsi dire, de préface. Il ne s'attendait pas à voir son attente déçue par un scrupule si déraisonnable. De plus, comme il voyageait pour s'instruire, il croyait devoir faire de toutes choses l'objet de ses recherches.

Le Marquis, cependant, éludait ses questions. « Eh bien ! » lui dit mon oncle, avec un peu d'humeur, « vous en croirez ce que vous voudrez, mais, cette nuit, j'ai vu la dame. »

Le Marquis fit un pas en arrière, en le regardant avec surprise. « Elle m'a rendu visite dans ma chambre à coucher. »

Le Marquis tira sa tabatière en souriant et en haussant les épaules. Il prenait ce propos pour une mauvaise plaisanterie à l'anglaise, qu'il se croyait obligé de trouver bonne par politesse.

Mon oncle continua d'un ton grave, et lui raconta toutes les circonstances de l'apparition. Le Marquis, tenant à la main sa tabatière fermée, lui prêtait la plus profonde attention. Quand l'histoire fut finie, il frappa le couvercle de la boîte, d'un air pensif, et prit une longue et bruyante prise de tabac.

« Bah! dit le Marquis, et il s'approcha de l'autre extrémité de la galerie.

Ici le conteur se tut ; la société attendit quelques instans qu'il reprît son récit ; mais il garda le silence.

« Eh bien ! s'écria l'homme aux questions, que dit alors votre oncle ? — Rien, répondit l'autre. — Et le Marquis, qu'ajouta-t-il ? — Rien. — Et c'est là tout ? — C'est là tout, » répartit le conteur, en se versant un verre de vin.

« J'imagine dit le malin Monsieur au nez mobile, que l'esprit était la vieille gouvernante, qui faisait sa ronde dans le château pour s'assurer si tout était en règle. — Bah ! répondit le conteur, mon oncle était trop habitué aux spectacles extraordinaires pour ne pas voir la différence entre un esprit et une vieille femme de charge. »

Il s'éleva autour de la table, un murmure moitié gai, moitié chagrin, de désappointement. Moi, j'inclinais à croire que le vieillard avait réellement gardé en réserve la dernière partie de son histoire ; mais il avala son verre de vin, et ne dit plus rien. Et il avait une si bizarre expression de physionomie, qu'il me laissa dans le doute s'il venait de plaisanter, ou s'il parlait sérieusement.
« Parbleu, dit l'homme entendu, au nez mobile, l'histoire de votre oncle m'en rappelle une qu'on raconte de ma tante maternelle. Je ne prétends pas établir de comparaison entre ces deux aventures; la vieille dame n'était pas si habituée aux évènemens extraordinaires. Au reste, vaille que vaille, vous saurez mon histoire.

L'AVENTURE DE MA TANTE.

Ma tante était une femme fortement constituée, d'un esprit ferme et d'un grand courage. Mon oncle, petit homme fluet, chétif, doux et débonnaire, était assez mal appareillé avec ma tante. On a observé que, depuis son mariage, il déclina de jour en jour. L'énergie de sa femme l'écrasa, et finit par le dessécher. Ma tante, cependant, prit de lui tous les soins imaginables; elle eut la moitié des médecins de la ville pour lui prescrire des ordonnances ; elle lui administra les médicamens ordonnés, et lui fit avaler assez de drogues pour un hôpital entier. Tout fut en vain : plus on le choyait, plus on l'accablait de médecines, et plus mon oncle empirait; jusqu'à ce qu'enfin son nom se trouva aussi sur la longue liste des victimes conjugales, étouffées à force de sollicitude. »

« Et ce fut peut-être son esprit qui apparut à votre tante », demanda l'homme aux interrogations, qui avait déjà questionné le premier conteur d'histoires.

« Vous allez le savoir, » répliqua le narrateur. « Ma tante s'affecta vivement de la mort de son pauvre cher époux. Peut-être éprouvait-elle quelque regret de lui avoir donné tant de médecines, et de l'avoir poussé vers la tombe à force de le soigner trop bien. Quoi qu'il en soit, elle fit tout ce qu'une veuve pouvait faire pour honorer sa mémoire. Elle n'épargna aucune dépense pour la quantité ou la qualité des habits de deuil : elle portait à son cou le portrait du défunt, en miniature, presqu'aussi large qu'un petit cadran solaire; et un tableau qui le représentait en pied ne quittait pas sa chambre à coucher. Tout le monde exaltait sa conduite jusqu'aux nues ; et l'on décida qu'une femme qui montrait tant d'égards pour la mémoire de son mari méritait d'en avoir bientôt un autre.

Peu de temps après, elle alla se fixer à la campagne, dans une vieille maison du comté de Derby, long-temps abandonnée aux soins d'un intendant et d'une femme de charge. Elle emmena la plupart de ses domestiques, comptant établir là sa résidence principale. L'édifice était situé dans une partie sauvage et isolée de la province, au milieu des collines grisâtres du comté de Derby, et avait pour perspective la vue d'un pendu, assujéti par des chaînes à la potence qui s'élevait sur un monticule sablonneux.

Les domestiques venus de la ville avaient à demi perdu l'esprit par l'idée d'habiter un lieu si terrible et si diabolique, surtout lorsque, réunis le soir à l'office, ils mirent en commun leurs commentaires sur les histoires de spectres qu'ils avaient ramassées dans le cours de la journée. Ils tremblaient de se hasarder seuls parmi toutes ces chambres sombres et noires. La femme de chambre de Madame, qui souffrait des nerfs, déclara qu'elle n'oserait jamais coucher seule dans une « si horrible vieille maison de voleurs » : et le laquais, jeune gaillard, très obligeant, fit tout ce qu'il put pour lui faire prendre courage.

Ma tante elle-même sembla frappée de l'aspect isolé du bâtiment. Aussi, avant d'aller se coucher, elle s'assura de la sólidité des portes et des fenêtres, renferma de sa propre main l'argenterie, et emporta dans sa chambre les clés, ainsi qu'une petite boîte remplie d'or et de bijoux : car c'était une femme d'ordre, qui avait toujours elle-même l'œil à tout. Après avoir mis les clés sous son oreiller, et avoir renvoyé sa suivante, elle s'assit à sa toilette pour s'arranger les cheveux; car, malgré le chagrin que lui avait causé la mort de mon oncle, c'était une veuve assez enjouée, qui prenait un soin particulier de sa personne. Elle resta pendant quelque temps à se mirer dans la glace, d'abord d'un côté, et puis de l'autre, comme les dames font ordinairement lorsqu'elles veulent s'assurer si elles ont bonne mine ; car un bruyant propriétaire campagnard du voisinage, avec qui elle avait joué dans son enfance, avait pris ce jour pour lui souhaiter la bien-venue dans le pays.

Tout-à-coup il lui semble qu'elle entend remuer quelque chose derrière elle. Elle regarde vite à l'entour ; mais elle ne voit rien, rien que le portrait horriblement peint de son cher et pauvre mari, qui était suspendu au mur.

Elle donna un profond soupir à sa mémoire, comme elle avait coutume de faire chaque fois qu'elle parlait de lui en société ; puis elle se remit à sa toilette de nuit, en pensant à son voisin l'écuyer. L'écho répéta le soupir de ma tante ; on y répondit par une longue et forte aspiration. Elle se retourna de nouveau, mais elle ne vit absolument rien. Elle attribua ce bruit au vent qui sifflait dans les crevasses du vieux bâtiment, et continua tranquillement à mettre ses papillottes, quand tout d'un coup elle croit voir que l'un des yeux du portrait se remuait. »

« Quoi ! ayant le dos tourné vers le

tableau ! » dit le conteur à la tête disloquée ; « ah ! c'est bon ! »

« Oui, Monsieur, répliqua sèchement le narrateur ; elle avait le dos tourné vers le tableau ; mais ses regards étaient fixés sur le portrait que répétait la glace. Ainsi, comme je vous le disais, elle aperçut fort bien que l'un des yeux du portrait remuait. Une circonstance si étrange lui causa, comme vous pouvez le croire, une forte émotion. Pour s'assurer du fait, elle porta une main à son front, comme pour se le frotter, regarda au travers de ses doigts, et de l'autre main elle prit une chandelle. La lumière du flambeau brillait dans l'œil qui la réfléchissait. Ma tante ne doutait plus du mouvement; bien plus, il lui semblait que cet œil clignottait, comme faisait quelquefois l'œil de feu son mari. Son cœur se glaça un moment ; car elle se trouvait là, seule, dans une épouvantable situation.

Cet effroi ne fut que passager. Ma tante, qui avait presqu'autant de courage que votre oncle, Monsieur, (dit-il en se tournant vers le vieux conteur) se remit bientôt et redevint calme. Elle continua de s'ajuster, elle fredonna même une chanson, sans faire une seule fausse note. Ayant renversé par hasard une boîte de toilette, elle prit le flambeau, et ramassa, un à un, les objets tombés à terre : elle poursuivit une pelotte d'épingles qui était allée roulant jusque sous le lit ; elle ouvrit ensuite la porte, regarda un instant dans le corridor, comme si elle hésitait à sortir, puis enfin s'en alla tranquillement.

Elle descendit l'escalier à pas précipités, donna l'ordre à ses gens de s'armer des premières armes venues, se mit à leur tête, et retourna aussitôt vers son appartement.

Son armée, levée à la hâte, présentait une force imposante. L'intendant avait pris une espingole rouillée ; le cocher, un énorme fouet ; le laquais, une paire de pistolets d'arçons ; le cuisinier, un grand couperet ; et le sommelier, une bouteille à chaque main. Ma tante, à l'avant-garde, s'était armée d'un fourgon rougi au feu ; et, à mon avis, elle était la plus redoutable de la bande. La femme de chambre, qui tremblait de rester seule à l'office, fit l'arrière-garde ; elle respirait des sels volatils, contenus dans un flacon cassé, en exprimant la peur qu'elle avait des esprits. »

« Des esprits, dit bravement ma tante, je leur brûlerai les moustaches ! »

Ils entrèrent dans la chambre. Tout y était tranquille et dans le même état où elle l'avait laissé. On approcha du portrait de mon oncle.

« Jetez-moi bas ce tableau ! » cria ma tante. » Un long gémissement et un bruit semblable au claquement des dents sortirent de derrière le portrait. Les domestiques sautèrent en arrière ; la femme de chambre jeta un cri inarticulé, et se cramponna au laquais pour se soutenir.

« A l'instant ! » ajouta ma tante, en frappant du pied.

Le portrait fut jeté à bas ; et, d'un enfoncement qui était derrière le tableau, et où il y avait eu autrefois une horloge, on tira un grand drôle, aux fortes épaules, à la barbe noire, armé d'un couteau aussi long que le bras, mais qui tremblait comme la feuille. »

« Eh bien ! qui était-ce ? probablement pas un esprit, je pense », dit l'homme aux questions.

« Un vrai gibier de potence, répliqua le narrateur ; un coquin devenu amoureux de la cassette de notre veuve opulente; ou plutôt un Tarquin maraudeur, qui s'était caché dans sa chambre pour violer sa bourse et enlever son coffre-fort, lorsque toute la maison aurait été endormie. En termes plus simples, continua-t-il, c'était un mauvais sujet de fainéant du voisinage, qui jadis avait servi dans cette maison, et qui avait aidé à l'arranger pour recevoir la dame. Il avoua qu'il avait disposé cette cachette pour son noir dessein, et qu'il avait emprunté au portrait un œil qui pût lui servir de lucarne d'observation. »

« Et que fit-on de lui ? le fit-on pendre? » reprit le questionneur.

« Le pendre ! comment l'aurait-on pu », s'écria un avocat aux épais sourcils, au nez de faucon ; « le crime n'était pas capital : il n'y avait eu ni vol, ni attaque; il n'y avait ni entrée par force dans une maison habitée, ni effraction. »

« Ma tante, reprit le narrateur, était une femme de tête et en état d'appliquer elle-même les articles de la loi. Elle avait aussi une idée bien nette des convenances : elle ordonna donc de plonger le coquin dans l'abreuvoir, et puis de bien l'essuyer avec une serviette de chêne.

« Et qu'advint-il de lui ensuite? » dit l'homme aux interrogations.— « Je ne le sais pas précisément; je crois qu'on l'envoya faire un voyage d'amélioration à Botany-Bay. » — « Et votre tante, » reprit le questionneur, « je parie qu'après cet accident elle eut soin de faire coucher sa suivante avec elle dans sa chambre. » — « Non, Monsieur, elle fit mieux; elle épousa, immédiatement après, le bruyant écuyer; car elle observa que c'était une chose terrible pour une femme de coucher seule à la campagne. » — « Elle avait raison, » reprit le Monsieur aux questions, souriant d'un air capable ; mais je suis fâché qu'on n'ait pas fait pendre ce gaillard. »

Toute la société tomba d'accord que le dernier conteur avait donné à son récit la conclusion la plus satisfaisante ; quoiqu'un ecclésiastique de campagne regrettât que l'oncle et la tante, qui avaient figuré dans les deux histoires, ne fussent pas mariés ensemble ; ils auraient été sans doute bien assortis.

« Mais je n'ai pas vu, après tout, » dit le questionneur, » qu'il y eût un esprit dans cette dernière histoire.

« Oh! s'il vous faut des esprits, mon cher, « s'écria l'Irlandais, capitaine de dragons, « s'il vous faut des esprits, vous en aurez tout un régiment. Puisque ces Messieurs ont raconté les aventures de leurs oncles et de leurs tantes, ma foi je vous donnerai aussi un chapitre de l'histoire de ma famille. »

L'INTRÉPIDE DRAGON,

ou

L'AVENTURE DE MON GRAND-PÈRE.

Mon grand-père était un intrépide dragon ; car c'est une profession, voyez-vous, qui tient à notre famille ; cela est dans le sang. Tous nos ancêtres ont été dragons, et sont morts au champ d'honneur, excepté moi ; j'espère que ma postérité en pourra dire autant ; avec tout cela, je ne veux pas faire le glorieux. Enfin, mon grand-père, comme je vous le disais, était un intrépide dragon, et il avait servi dans les Pays-Bas. Au fait, il appartenait à cette armée qui, d'après le dire de mon oncle Tobie, jurait si terriblement en Flandre. Lui-même, il savait jurer passablement bien; et de plus ce fut lui qui introduisit la doctrine du chaud radical et de l'humide radical, dont le caporal Trim fait mention; en d'autres termes, la manière de neutraliser les exhalaisons des marais, au moyen de l'eau-de-vie brulée. (1) Quoi qu'il en soit, cela ne fait

---

(1) Cela se passa au siège de Limerick, en Irlande. (Voyez *Tristram Shandy*, tom. 2, chap. 114—121.)

Mon oncle Tobie, capitaine en retraite, est un des principaux personnages de l'inimitable ouvrage de Sterne, dont M. Washington Irving rappelle souvent la finesse et la gaieté. Le *caporal Trim*, dont il est question ici, appartient au même roman.

(*Note du traducteur.*)

rien à mon histoire. Je vous le dis seulement pour montrer que mon grand-père n'était pas homme à donner aisément dans des balivernes. Il avait vu le service, ou; pour me servir de ses expressions, il avait vu le diable; et c'est tout dire.

Eh! bien, Messieurs, mon grand-père se trouvait en route pour revenir en Angleterre, et il comptait s'embarquer à Ostende. Malheur à cette ville! car, une fois, j'y ai été retenu, par la tempête et les vents contraires, pendant trois mortelles journées; et du diable s'il y avait là quelque joyeux compagnon ou un joli minois pour me distraire! Enfin, je vous le disais, mon grand-père se trouvait en route pour l'Angleterre ou pour Ostende; n'importe, cela revient au même. Donc, un soir, vers la nuit close, il fit gaîment son entrée, à cheval, dans Bruges. Vraisemblablement, Messieurs, vous connaissez Bruges, une vieille ville flamande fort originale, mal bâtie, autrefois, dit-on, grande ville de commerce où l'on faisait beaucoup d'argent, aux temps anciens où les *mynheer* étaient dans toute leur gloire (1); mais à présent elle est ample et vide comme la poche d'un Irlandais de nos jours. Eh bien ! Messieurs, mon grand-père y arriva au temps de

---

(1) Le mot *mynheer*, littéralement *monsieur*, est celui dont on se sert en Flandre et en Hollande quand on parle d'un *homme comme il faut*. C'est le *meinn herr* des Allemands. Les Anglais désignent volontiers les diverses nations par les titres qu'elles emploient comme formules de salutation ou de politesse. Ils disent *un Monsieur, un Mein herr, un Don, un Signor*, pour un Français, un Allemand, un Espagnol, un Italien.

(*Note du traducteur.*)

la foire annuelle. La ville de Bruges était encombrée, les canaux fourmillaient de barques et les rues fourmillaient de marchands ; et on avait peine à se faire place au milieu de ces ballots, de ces denrées, et de ces marchandises, et des paysans à larges culottes, et des femmes qui portaient chacune dix jupons.

Mon grand-père suivait joyeusement son chemin, avec ses manières aisées et lestes ; car c'était un compère sans façon et assez effronté. Il ouvrait autour de lui de grands yeux, regardant fixement cette foule bigarrée et ces vieilles maisons à pignons en façades triangulaires et pointues, et à nids de cigogne sur les cheminées ; il faisait des mines aux jolies *jufvrouw* (1)

---

(1) Ce mot flamand et hollandais, qui s'écrit *juffrouw* et *juffer*, par syncope de *jonk-*

qui montraient leurs visages devant la fenêtre, et il plaisantait de droite et de gauche les femmes qui passaient dans la rue. Elles riaient, et prenaient ces plaisanteries en très-bonne

---

vrouw, ou *jonge vrouw*, signifie littéralement *jeune femme*, demoiselle ou dame : en Flandre on donne toujours cette qualification aux jeunes personnes, et on l'emploie pour les mères de famille quand le mari n'est pas noble ; comme dans le siècle de Louis XIV on disait *mademoiselle Molière*, en parlant de la femme de l'immortel poète. Le titre de *mevrouw* (madame), en Flandre, appartient exclusivement à l'épouse d'un gentilhomme. Les Hollandais traitent indistinctement de *mevrouw* (madame) la femme d'un comte et celle d'un avocat, d'un médecin, d'un professeur, d'un grand propriétaire, d'un négociant ; en un mot, de tout homme qui exerce une profession libérale, ou qui vit avec aisance ; mais chez eux, comme en Flandre, les *petites bourgeoises*, particulièrement quand le mari exerce un commerce de détail, comme

part ; car, quoiqu'il ne sût pas un mot de la langue, toujours il avait le talent de se faire entendre des femmes.

Eh bien ! Messieurs, comme c'était au commencement de la foire annuelle, la ville se trouvait encombrée ; hôtelleries et cabarets, tout était plein, et mon grand-père courut en vain de l'une à l'autre pour se loger. Enfin il arriva près d'une vieille auberge qui paraissait prête à tomber en ruines, et que les rats auraient déjà quittée, s'ils avaient pu trouver, dans quelqu'autre maison, un peu de place pour y fourrer leurs têtes. C'était précisément un de ces édifices bisarres que vous voyez

---

celui d'épicier ou d'apothicaire, continuent de s'appeler *mademoiselle* (*Jufvrouw*). M. Washington Irving écrit *yafrow*, en figurant à l'anglaise la prononciation de ce mot flamand.

(*Note du traducteur.*)

dans les tableaux hollandais, avec un toit qui monte jusqu'aux nues, et une infinité de galetas élevés les uns sur les autres, comme les sept étages du ciel de Mahomet. La seule chose qui l'eût empêchée de culbuter du haut en bas, c'était un nid de cigogne sur la cheminée ; cela porte toujours bonheur à une maison des Pays-Bas ; au moment de l'arrivée de mon grand-père, deux de ces oiseaux de bon augure, à longues jambes, se tenaient debout sur le faîte de la cheminée, comme deux spectres. Ma foi, ils ont tenu debout cette maison jusqu'à présent, comme vous le pourrez voir, si quelque jour vous passez par Bruges ; elle est encore toujours là ; mais on l'a transformée en une brasserie de bierre forte de Flandre. C'est ce qu'elle était du moins quand j'y passai après la bataille de Waterloo.

Mon grand-père s'approcha de cette maison, en la regardant avec curiosité. Elle n'aurait peut-être pas fixé son attention, s'il n'avait pas vu en grandes lettres au dessus de la porte :

Hier verkoopt men goeden drank. (1)

Mon grand-père en avait assez appris de la langue pour savoir que cette enseigne promettait de bons liquides. « C'est bien la maison qu'il me faut », dit-il, en s'arrêtant tout-à-coup devant la porte.

L'apparition subite d'un impétueux dragon était un événement pour ce

---

(1) *Ici on vend de bonnes boissons.* Ces mots se trouvent en Flandre au-dessus de la porte de tous les cabarets, grands ou petits, surtout à l'entrée des caves où l'on débite sur le comptoir de petits verres d'eau-de-vie de grain et de genièvre.

(*Note du traducteur.*)

vieux cabaret, fréquenté seulement par les paisibles enfans du commerce. Un riche bourgeois d'Anvers, personnage gros et grand, couvert d'un ample chapeau de Flandre, et qui était l'homme par excellence, le grand patron de l'établissement, fumait une belle et longue pipe, assis à l'un des côtés de la porte ; un petit fumeur trapu, distillateur de genièvre de Schiedam (1) était assis de l'autre côté : l'hôte, à gros nez, se tenait sur le seuil de la porte ; la belle hôtesse, en bonnet plissé, était à côté de lui ; et la

---

(1) Petite ville de Hollande, située à une lieue de Rotterdam : l'eau-de-vie de grain distillée à Schiedam obtient toujours la préférence sur le genièvre de toutes les autres fabriques des Pays-Bas. On attribue la supériorité que lui reconnaissent les buveurs, aux eaux d'une petite rivière, la *Schie*, qui traverse la ville.

(*Note du traducteur.*)

fille de l'hôtesse, grosse Flamande, avec de longs pendans d'or aux oreilles, se trouvait près de la fenêtre.

« *Humph!* » dit le riche Anversois, jetant un regard d'humeur sur l'étranger.

« Diâble » ! dit le petit distillateur trapu de Schiedam.

Le maître du logis, avec le coup d'œil pénétrant d'un cabaretier, vit que le nouvel hôte n'était nullement ; mais nullement du goût de ses anciens chalands ! et, pour dire le vrai, il ne s'arrangeait pas lui-même de l'air effronté de mon grand-père. Il secoua la tête : « Il n'y a pas un galetas de libre dans la maison : elle est pleine. »

« Pas un galetas, » répéta l'hôtesse.

« Pas un galetas, » répéta la fille.

Le bourgeois d'Anvers et le petit distillateur de Schiedam continuèrent à fumer leur pipe, d'un air chagrin, regardant l'ennemi obliquement de dessous leurs larges chapeaux, mais ne disant rien.

Mon grand-père n'était pas homme à se laisser regarder de travers : il jeta la bride sur le cou de son cheval, redressa la tête, et se mit un poing sur la hanche. « Parbleu, sur ma foi, dit-il, je coucherai dans cette maison, cette nuit même. » En disant ces mots, il se frappa la cuisse, pour les rendre plus énergiques ; le coup alla jusqu'au cœur de l'hôtesse.

Après avoir fait ce vœu, il sauta de cheval et se fraya un passage dans la salle commune, à travers des *mynheen* qui le regardaient avec surprise. Vous avez peut-être été dans la pièce principale d'une vieille auberge flamande. Sur mon ame, c'était une chambre aussi belle que vous pourriez le désirer, pavée en carreaux avec un grand foyer garni, dans son intérieur, de toute l'histoire de la Bible en petites tuiles de fayence (1); puis le manteau de la cheminée, qui s'avançait presque jusqu'au mur, et tout un régiment de théières fêlées et de pots de terre, en parade là-dessus. J'oublie encore une demi-douzaine de grands plats de Delft qui étaient suspendus à l'entour de la chambre, en guise de tableaux, et le petit comptoir dans l'encoignure, et la fringante fille qui s'y trouvait assise,

---

(1) En Flandre, les cheminées et souvent les cuisines, les antichambres, les corridors, sont ornés de cette tuile fayencée qui s'applique contre le mur : les sujets sont presque tous tirés de l'histoire sainte, ou bien ils rappellent des usages et des sites du pays. On imite aujourd'hui cette tuile avec succès en France.

(*Note du traducteur.*)

en bonnet d'indienne rouge, et des pendans jaunes aux oreilles.

Mon grand-père fit claquer ses doigts par dessus la tête, en jetant un regard à l'entour de la chambre.—« Bon! c'est juste la maison qu'il me fallait, dit-il. »

La garnison fit bien mine de résister encore un peu; mais mon grand-père, vieux soldat et Irlandais, n'était pas facile à expulser, surtout une fois entré dans la forteresse. Il salua de l'œil son hôte, embrassa l'hôtesse, châtouilla leur fille, et caressa le menton de la servante de comptoir; tout le monde convint que c'eût été grand dommage, et, par-dessus le marché, une honte ineffaçable de renvoyer dans la rue un si brave dragon. Ils mirent alors leurs têtes ensemble, c'est-à-dire l'hôtesse et mon grand-père; et il fut enfin décidé qu'il s'arrangerait d'une vieille chambre fermée depuis quelque temps.

« On prétend qu'il y revient des esprits, » lui dit tout bas la fille de la maison ; « mais vous êtes dragon, et j'ose dire que vous ne craignez pas les revenans. — Du diable si je les crains, moi ! » dit mon grand-père en lui pinçant sa grosse joue. « Mais si les esprits venaient me déranger, comme j'ai vu la Mer-Rouge, j'ai une drôle de manière de les conjurer, ma chère. » (1)

---

(1) *J'ai vu la Mer-Rouge* : ces mots font allusion aux anciennes formules d'exorcisme par lesquelles on ordonnait aux esprits, aux revenans, aux démons, d'aller se précipiter dans la Mer-Rouge, au même endroit où Moïse, poursuivi par l'armée de Pharaon, avait vu les flots s'ouvrir pour livrer un passage aux Israélites. Le dragon, qui a fait la guerre dans ce pays, prétend qu'il y a rencontré beaucoup de lutins, et qu'il connaît une méthode particulière de les conjurer.

(*Note du traducteur.*)

Il dit alors tout bas à la jeune fille quelque chose qui la fit rire, et elle lui donna une tape de bonne amitié sur l'oreille. Bref, il n'y avait personne qui connût mieux la manière de faire son chemin parmi les cotillons, que mon grand-père.

En peu d'instans, comme c'était son usage, il prit possession complète de la maison, et la parcourut en maître ; à l'écurie, pour avoir l'œil à son cheval ; à la cuisine, pour avoir l'œil à son souper. Il avait quelque chose à dire ou à faire auprès de tout le monde : il fumait avec les Hollandais, buvait avec les Allemands, frappait sur l'épaule de l'aubergiste, agaçait la fille de la maison et la servante de comptoir ; jamais, depuis les jours d'*Alley-Croaker*, on n'avait vu d'égrillard si remuant. L'hôte le regardait avec surprise ; la fille de l'hôte penchait la tête en souriant, chaque fois qu'il s'approchait d'elle ; et quand il marchait la tête levée dans les corridors, laissant traîner son sabre à ses côtés, les servantes le suivaient des yeux, et se disaient tout bas à l'oreille : « Quel bel homme ! »

A souper, mon grand-père prit le commandement de la table d'hôte, comme s'il eût été chez lui, faisant les honneurs de chaque mets, surtout sans s'oublier; causant avec tout le monde, qu'il comprît la langue ou non : il gagna même l'amitié du riche Anversois, qui, de sa vie, n'avait été sociable avec personne. En un mot, il fit une révolution dans tout l'établissement ; il y excita une joie si bruyante que toute la maison en trembla. Il démonta d'abord tous ceux qui étaient à table, excepté le petit distillateur de Schiedam, qui se tint quelque temps sur la réserve avant de se livrer ; mais dès qu'il s'y mit, ce fut un vrai diable. Il se prit d'une vive affection pour mon grand-père ; ils restèrent à boire, à fumer, à conter des histoires, à chanter des chansons hollandaises et irlandaises, sans que l'un comprît un mot de ce que l'autre disait, jusqu'à ce qu'on fût obligé d'emmener coucher le petit Hollandais, joliment lesté d'eau-de-vie, criant et rabachant quelque refrain flamand d'une chanson d'amour.

Enfin, Messieurs, mon grand-père fut conduit à son logement par un grand escalier en casse-cou, composé d'une charge de bois de charpente, à travers de longs couloirs, où pendaient quelques vieux tableaux enfumés, de poissons, de fruits, de gibier, de fêtes de village, de grands intérieurs de cuisine, et de graves bourguemaîtres, comme vous en voyez dans toute ancienne auberge flamande ; il arriva donc dans sa chambre à coucher.

C'était une chambre du bon vieux temps, je vous assure, pleine de toutes sortes de vieilleries. Elle ressemblait à une infirmerie de meubles délabrés et surannés, où l'on aurait relégué chaque objet disloqué ou hors de service, pour y être raccommodé, ou bien oublié. On aurait dit un congrès général de vieux meubles légitimes, où chaque espèce et chaque pays auraient eu leur représentant. On n'y voyait pas deux chaises pareilles. Il y en avait à dos élevé, à dos bas, à fond de cuir, à fond de toile, à fond de paille, ou sans fond; des tables de marbre fêlées, avec des pieds artistement travaillés, qui tenaient des boules entre les griffes, comme pour aller jouer aux quilles.

Mon grand-père, en entrant, fit la révérence devant cet assemblage bigarré; après s'être déshabillé, il plaça la lumière dans la cheminée, en demandant pardon aux pincettes, qui paraissaient faire l'amour dans un coin de l'âtre avec la pelle, et lui conter des douceurs.

Les autres convives dormaient déjà profondément, car les *mynheer* sont de terribles dormeurs. Les servantes de la maison grimpèrent, l'une après l'autre, en bâillant, à leur grenier; et dans toute l'auberge, il n'y avait pas de tête féminine posée sur l'oreiller qui ne rêvât au brave dragon.

Quant à mon grand-père, il se mit au lit, et tira sur lui un de ces énormes sacs de duvet, sous lesquels on vous étouffe dans les Pays-Bas : il se trouva là fondu entre deux lits de plume, comme un anchois entre deux tranches de rôtie au beurre. C'était un homme de complexion très-chaude, et l'étouffement lui joua des tours du diable.

Aussi, je vous assure, en peu d'instans, mon grand-père fut comme s'il eût eu des légions de lutins au corps; tout son sang bouillonnait dans ses veines, comme s'il avait eu la fièvre chaude.

Il se tint tranquille, cependant, jusqu'à ce que toute la maison fût en repos ; bientôt il n'entendit plus que le ronflement des *mynheer* dans les diverses chambres, sur tous les tons et sur toutes les cadences, comme les grenouilles dans un marécage. Plus la maison devenait tranquille, et plus mon grand-père s'agitait. Il s'échauffa toujours davantage, jusqu'à ce qu'enfin la chaleur du lit devînt trop forte pour qu'il y restât.

« Peut-être la servante l'avait trop chauffé ? » dit le Monsieur curieux, d'un air inquisiteur.

« Je crois plutôt le contraire, répondit l'Irlandais; mais quoi qu'il en fût, le lit devint trop chaud pour mon grand-père. »

« Morbleu ! il n'y a pas moyen d'y

tenir plus long-temps, dit-il. » Il sauta du lit, et se mit à rôder dans l'auberge.

« Pourquoi faire ? » dit le Monsieur aux questions : Sans doute, pour se rafraîchir, — ou peut-être pour trouver un lit plus convenable, — ou peut-être... Mais il ne s'agit pas de savoir pourquoi; il ne l'a jamais dit, et il n'est pas nécessaire de perdre le temps en conjectures.

Eh bien ! donc, mon grand-père avait été pendant quelque temps absent de sa chambre, et il y rentrait, tout-à-fait rafraîchi, quand, au moment où il touchait la porte, il entendit, à l'intérieur, un bruit étrange. Il s'arrêta en écoutant. On aurait cru que quelqu'un tâchait de fredonner un air, en dépit de l'asthme. Il se rappela que la chambre avait la réputation d'être hantée par des esprits; mais il ne croyait pas aux revenans: il ouvrit donc tout doucement la porte, et regarda dans la chambre.

Parbleu, Messieurs, il y avait une danse assez extraordinaire, pour étonner Saint-Antoine lui-même.

A la lueur du feu, il vit, assis auprès de la cheminée, un gaillard à face blême, enveloppé d'une longue robe de flanelle, et coiffé d'un grand bonnet de nuit blanc, à houpe, tenant sous le bras, en manière de cornemuse, le soufflet dont il tirait cette musique asthmatique, si surprenante pour mon grand-père. Comme ce fantôme avait aussi l'air d'être de la partie, il se trémoussait avec mille contorsions bisarres, faisant continuellement des signes de tête, et agitant sans cesse le bonnet de nuit à la houpe.

Mon grand-père trouvait cela fort étrange, et même très-insolent; il allait demander à quel propos on se permettait ainsi de jouer de cet instrument à vent dans l'appartement d'un autre voyageur, quand ses yeux trouvèrent de nouveaux motifs d'étonnement. Du coté opposé de la chambre, un fauteuil à dossier relevé, à pied tortu, foncé en cuir, garni, avec prétention, en petits clous de cuivre, se mit tout d'un coup en mouvement, étendit d'abord un pied en griffe, puis un bras courbé, puis, faisant la révérence, glissa très-gracieusement jusqu'à une petite chaise à bras en vieux brocard, dont le fond était percé, et dansa avec elle un élégant menuet.

Le musicien jouait maintenant de plus fort en plus fort, et secouait la tête et la houpe de son bonnet de nuit, comme un enragé. Par degrés, la dansomanie parut s'emparer de toutes les autres pièces de l'ameublement. Les vieilles chaises, étroites et longues, appariées en couples, figuraient dans une danse villageoise ; un tabouret à trois pieds dansait un pas de cornemuse, quoi qu'il fût horriblement gêné par sa patte surnuméraire; tandis que l'amoureuse pincette saisit la pelle par le milieu de la taille, et la fit walser à l'entour de la chambre. Bref, tous les meubles se mirent en branle, pirouettant, croisant les mains à droite et à gauche, comme autant de démons, tous, excepté une grande presse à linge, ou calandre, qui se tenait dans un coin, comme une douairière, et suivait les mouvemens de la mesure, soit par ce qu'elle était trop massive pour danser, soit peut-être, par ce qu'elle ne trouvait point de danseur.

Mon grand-père jugea que cette dernière raison était la véritable ; ainsi, en digne Irlandais, dévoué au beau sexe, et toujours disposé à la plaisanterie, il s'élança dans la chambre, dit au musicien de jouer l'air de Paddy O'Rafferty, ne fit qu'un bond jusqu'à la calandre, et la saisit par les deux poignées pour la conduire à la danse... quand.... prrrr — tout à-coup la fête se trouva finie. Les chaises, les tables, les pincettes et la pelle furent à l'instant à leur place, aussi immobiles que si rien ne s'était passé, et le musicien s'évanouit par la cheminée, oubliant, dans sa précipitation, le soufflet. Mon grand-père se trouva par terre, au milieu de la chambre, ayant sur lui la presse qui faisait la bascule, et tenant à chaque main une des poignées qu'il avait arrachées. »

« Alors ce n'était, après tout, qu'un rêve ! » dit le Monsieur aux questions.

« Du diable, si c'était un rêve ! » répliqua l'Irlandais. « Jamais il n'y eut d'évènement plus réel. Par ma foi, j'aurais voulu voir quelqu'un dire à mon grand-père que c'était un rêve ! »

Eh ! donc, Messieurs, comme la calandre était un corps très-pesant, et mon grand-père aussi, surtout du train de derrière, vous concevrez aisément que la chute de deux corps aussi pesant, fit un fier tapage. Ma foi, la vieille barraque en fut agitée, comme si elle eût pris cela pour un tremblement de terre Toute la garnison s'alarma. L'aubergiste, qui couchait en bas, se hâta de monter avec la lumière, pour savoir la cause du bruit; mais, malgré la précipitation du bonhomme, sa fille était arrivée avant lui sur le théâtre du désordre. L'aubergiste était suivi de la maîtresse du logis, qui était suivie de la fringante fille de comptoir, qui était suivie des niaises filles de chambre, tout ce monde affublé de son mieux des premiers vêtemens qui s'étaient trouvés sous la main : et tous très-pressés de savoir que diable était arrivé dans la chambre du brave dragon.

Mon grand-père raconta la scène merveilleuse à laquelle il avait assisté ; les poignées cassées de la presse renversée servaient de témoignage. On ne pouvait rien opposer à de pareilles preuves, avec un garçon du calibre de mon grand-père, qui semblait disposé à prouver toujours son dire par des voies de fait. Aussi le maître du logis se gratta la tête et regarda niaisement, comme il avait coutume de faire quand il était embarrassé. La maîtresse du logis se gratta..... non, elle ne se gratta pas la tête, mais elle fronça les sourcils, et ne parut qu'à moitié satisfaite de l'explication ; cependant la fille de la maison y donna du poids, en rappelant que la dernière personne qui avait occupé cette chambre était un fameux charlatan, qui était mort de la danse de Saint-Vit, et qui avait sans doute infecté de ce mal tout l'ameublement.

Cela remit tout en ordre, surtout quand les filles de service déclarèrent qu'elles avaient été déjà témoins d'étranges choses dans cette chambre; et comme elles l'assurèrent sur leur honneur, il n'y eut plus moyen d'en douter.

« Et votre grand-père se remit-il au lit dans cette chambre? » dit le questionneur.

« Cela est plus que je ne puis dire; où il passa le reste de la nuit, ce fut un secret qu'il ne dévoila jamais. Au fait, quoiqu'il eût du service, il n'était pas fort sur la topographie, et ses courses nocturnes dans les auberges paraissent l'avoir exposé quelquefois à commettre des bévues, dont il se serait trouvé embarrassé de rendre compte le lendemain. »

« N'a-t-il jamais été somnambule?» dit le vieillard qui faisait l'entendu. — « Pas, que je sache. »

Il y eut une pause, après ce roman irlandais un peu diffus : enfin le vieux Monsieur à la tête aux revenans observa que les histoires, jusqu'à présent, avaient quelque chose de trop burlesque. Moi, ajouta-t-il, je me rappelle une aventure que j'appris lors de mon séjour à Paris, et dont je puis garantir l'authenticité : c'est une histoire aussi sérieuse que singulière.

AVENTURE DE L'ÉTUDIANT ALLEMAND.

Au milieu d'une nuit orageuse, à l'époque où la tempête révolutionnaire agitait la France, un jeune Allemand traversait les plus anciens quartiers de Paris, pour rentrer dans sa demeure. Les éclairs brillaient, et le tonnerre éclatait avec fracas au-dessus des hautes maisons de ces rues étroites. Mais, avant tout, il faut vous dire un mot du jeune Allemand.

Godefroy Wolfgang appartenait à une bonne famille. Pendant quelque temps il avait suivi un cours d'études à Goëttingue. Son esprit visionnaire et enthousiaste s'était égaré dans ces doctrines vagues et abstraites qui ont tourné tant de têtes allemandes. Sa vie sauvage, son application obstinée à des spéculations bisarres, affectèrent à la fois sa raison et sa santé. Aussi faible d'esprit que de corps, usé par les rêveries mystiques du spiritualisme, il avait fini, comme Swedenbourg, par s'entourer d'un monde idéal. Il se persuada, je ne sais comment, qu'il était soumis à l'influence fatale d'un mauvais génie qui cherchait à l'attirer dans un piége et conspirait sa perte : cette idée, achevant de ruiner un tempérament mélancolique, produisit de funestes effets. Wolfgang devint chaque jour plus pensif et plus sombre. Ses amis ayant découvert la nature de l'effrayante maladie qui dévorait son âme, jugèrent qu'il n'y avait pas de meilleur remède que de changer la scène de ses sensations ; on l'envoya donc terminer ses études sur le théâtre du luxe et de la folie, au sein des plaisirs : il vint à Paris.

Wolfgang se trouvait dans cette capitale à la naissance de la révolution. D'abord, le délire populaire s'empara de cet esprit exalté. Il fut séduit par les théories politiques et philosophiques du jour ; mais les sanglans excès qui ne tardèrent pas à le révolter, l'eurent bientôt dégoûté du monde, et il s'en retira plus que jamais. Il alla s'enfermer dans un appartement reculé du *pays latin*, le quartier des colléges : là, au fond d'une rue obscure, non loin des doctes murs de la Sorbonne, il continua de suivre ses recherches favorites. Souvent il consacrait des heures entières aux grandes bibliothèques, catacombes des écrivains d'autrefois ; et, dans l'amas poudreux de leurs livres oubliés, il cherchait la triste pâture qui convenait à son goût malade. Semblable à cette espèce de vampires affamés que les *Mille et une Nuits* désignent sous le nom de *goules* (1), et qui dévorent les cadavres, il se nourrissait au milieu des charniers d'une littérature tombée de vétusté.

Ce reclus, cet étrange solitaire était subjugué cependant par un tempéra-

---

(1) « Les *goules* de l'un et de l'autre sexe
» sont des démons errans dans les campagnes.
» Ils habitent d'ordinaire les bâtimens ruinés,
» d'où ils se jettent par surprise sur les passans
» qu'ils tuent et dont ils mangent la chair : au
» défaut des passans, ils vont la nuit dans les ci-
» metières, se repaître de celle des morts qu'ils
» déterrent. » C'est ainsi que Sidi Nouman (le jeune homme qui bat sa cavale) explique le nom de *goules*, en parlant au calif Haroun al Raschid.

(*Note du traducteur.*)

ment très-vif, qui, pour n'avoir jusqu'alors opéré que sur une imagination ardente, n'en devenait que plus redoutable. Trop novice, trop peu familiarisé avec le monde pour hasarder quelques avances auprès des femmes, il admirait leur beauté, il soupirait en silence pour leurs charmes ; et, dans sa chambre isolée, tous les jours sa pensée s'égarait au milieu des souvenirs qui lui retraçaient les formes et les traits dont ses yeux avaient été frappés : son cerveau enflammé s'était créé un modèle idéal, plus parfait que la réalité.

Dans cet état d'exaltation, il fut tourmenté d'un rêve qui eut sur lui un effet extraordinaire. Une femme lui apparut, d'une beauté sans égale : l'impression du songe fut si forte, qu'il se renouvela plusieurs fois. Ce tableau, sans cesse devant ses yeux pendant le jour, se reproduisait dans le calme de la nuit.

Enfin Wolfgang devint passionnément amoureux de l'image formée par un rêve, et la sensation se prolongea si long-temps, qu'elle devint une de ces idées fixes qui poursuivent sans relâche les cerveaux mélancoliques, et qu'on regarde trop souvent comme des symptômes de folie.

Tel était Godefroy Wolfgang, et telle était sa situation à l'époque dont je viens de parler. Se rendant chez lui fort tard, une nuit d'orage, par les vieilles rues désertes du Marais, il entendit les éclats du tonnerre qui roulait sur les toits élevés. Parvenu à la place de Grève, lieu fatal où s'exécutent les arrêts de mort, il voyait la foudre sillonner les airs autour des sommités de l'ancien Hôtel-de-Ville : elle jetait une rapide lueur sur l'espace où cet édifice déploie sa façade. Tout-à-coup les yeux de Wolfgang sont frappés de l'aspect d'un échafaud établi au milieu de la place : il recule d'effroi en se trouvant au pied de la guillotine : sous le régime de la terreur, cet horrible instrument de supplice était toujours prêt à frapper. L'échafaud, constamment préparé, voyait couler sans cesse le sang de l'innocence et de la vertu. Ce jour même on avait exercé un affreux carnage ; et il était toujours là dans son lugubre appareil, cet autel fumant, dressé au milieu d'une ville où régnaient le sommeil et la stupeur, et attendant de nouvelles victimes.

Wolfgang sentait son cœur défaillir ; il s'éloignait en frissonnant de l'effroyable machine, quand il aperçut dans l'ombre une forme vague au pied de l'escalier qui conduisait à l'échafaud. Les éclairs vifs et brillans qui se succédaient avec rapidité firent paraître cette forme d'une manière plus distincte : c'était une femme vêtue de noir. Assise sur une des dernières marches du funeste escalier, le corps penché en avant, elle cachait son visage appuyé sur ses genoux ; les longues tresses de sa chevelure flottaient sur le pavé, trempées de la pluie qui tombait par torrens. Wolfgang s'arrête : cette image de la détresse avait quelque chose d'effrayant. La femme paraissait n'être pas d'une classe commune. Il savait quelles étaient les vicissitudes extrêmes des temps, et combien d'infortunés, après avoir été mollement couchés sur le duvet, ne savaient plus où reposer leur tête. C'était sans doute le deuil d'un être jadis heureux qu'un coup de la hache fatale venait de condamner à des larmes éternelles : sur le dernier rivage de la vie, sans doute cette femme gémissait, l'ame navrée de douleur, d'avoir vu de là s'élancer dans l'éternité tout ce qu'elle avait eu de plus cher.

Le jeune homme s'approche, et il lui adresse la parole avec le doux accent de la pitié. L'inconnue lève la tête, et le contemple d'un œil égaré. Combien Wolfgang fut étonné, quand le feu des éclairs lui découvrit dans les traits de l'infortunée ceux qui avaient été depuis si long-temps l'objet de ses songes ! c'était une figure pâle, où se peignait le désespoir; mais elle était d'une beauté ravissante.

Tremblant d'une violente émotion, et agité de sentimens divers, Wolfgang lui parle encore; il lui dit quelques mots sur le danger où elle s'expose à une pareille heure de la nuit, dans une si effroyable tempête, et il lui offre de la conduire chez les amis qu'elle peut avoir. Elle désigne du doigt la guillotine; et ce geste significatif est accompagné de ces mots :

« Je n'ai point d'amis sur la terre. »

« Mais, dit Wolfgang, vous avez une demeure ? »

« Oui ; le tombeau. »

Le cœur de l'étudiant s'émut davantage à cette parole. « S'il est permis à un étranger, dit-il, de faire une offre, sans s'exposer à voir mal interpréter ses intentions, j'oserai vous offrir un asile, et me présenter à vous comme un ami dévoué. Je suis moi-même sans amis à Paris ; je suis étranger en France ; mais si ma vie vous est utile, elle vous sera consacrée ; je la sacrifierai, avant que la violence ou l'outrage puissent vous atteindre. »

Il y avait dans les manières du jeune homme une gravité pleine de candeur, qui, jointe à l'accent étranger, produisit un effet favorable : son langage n'annonçait pas un de ces hommes corrompus qui déshonorent la capitale. Il y a d'ailleurs dans le véritable enthousiasme une éloquence qui éloigne tout soupçon. L'étrangère sans asile n'hésita point à se confier à la protection de l'étudiant. Il soutint les pas chancelans de sa compagne, et ils s'acheminèrent ainsi vers le Pont-Neuf. Arrivés devant le terre-plein, où une populace égarée avait abattu la statue de Henri IV, ils s'aperçurent que l'orage s'était calmé : le tonnerre ne grondait plus que dans le lointain. Tout Paris était tranquille. Ce grand volcan des passions humaines se reposait un instant, afin de préparer pour le lendemain une éruption plus terrible. Wolfgang se rapproche des rues fangeuses de son obscur quartier, avec le dépôt dont il s'est chargé : enfin les voilà près des tristes murs de la Sorbonne ; ils entrent dans le vaste hôtel délabré qu'habite le studieux Allemand. La vieille portière, qui les reçoit, recule d'étonnement à l'aspect tout nouveau du mélancolique étranger arrivant avec une compagne.

Pour la première fois, l'étudiant, qui ouvre la porte de sa chambre modeste, rougit de son humble demeure : tout le logement consiste en une pièce unique, vieux salon à l'ancienne mode, bisarrement meublé de quelques débris malassortis d'une opulence passée. L'hôtel avait été habité par une de ces familles nobles qui aimaient à résider dans les environs du Luxembourg. Ce salon se trouvait encombré de livres et de papiers, et de tout l'attirail ordinaire d'un jeune homme livré à l'étude. On découvrait son lit à une extrémité, dans un coin.

La lumière, qu'on avait apportée, ayant fourni à Wolfgang le moyen de mieux examiner l'étrangère, il fut encore plus frappé de son extrême beauté. Elle était pâle, d'une blancheur naturelle, vraiment éblouissante, et relevée encore par de longs cheveux d'ébène qui flottaient sur ses épaules ; ses grands yeux brillaient d'un feu céleste ; mais ils avaient une expression singulière qui tenait de l'égarement. Sa taille était parfaitement régulière, autant qu'on pouvait en juger à travers l'ample robe noire qui la recouvrait. Tout son extérieur avait quelque chose d'imposant, quoiqu'elle fût vêtue avec simplicité. Le seul ornement remarquable, dans toute sa parure, était un large collier noir, qui entourait son cou d'albâtre, et qui se fermait par une agraffe en diamant. —

L'étudiant était embarrassé des arrangemens qu'il fallait prendre pour loger l'infortunée, dont il venait de se déclarer le protecteur. Il pensa d'abord à lui abandonner la chambre et à chercher ailleurs une retraite pour la nuit. mais il était si touché de tant de charmes qui exerçaient un irrésistible empire sur ses pensées et sur ses sens, qu'il ne trouvait pas la force de s'éloigner d'elle. Cette femme se conduisait aussi d'une manière inexplicable; sa bouche n'avait plus prononcé le mot affreux de guillotine; sa douleur s'était calmée. Les attentions de l'étudiant, après avoir excité sa confiance, paraissaient avoir gagné le cœur de l'inconnue. Elle était évidemment une enthousiaste comme lui; et les enthousiastes s'entendent bientôt.

Entrainé par les circonstances Wolfgang déclara les sentimens qu'elle lui avait inspirés. Il lui raconta l'histoire du songe mystérieux qui l'avait enchaîné à une image chérie, avant la première entrevue réelle.

L'inconnue, affectée de ce récit, avoua qu'elle avait également éprouvé pour lui un penchant dont elle ne pouvait se rendre compte. On vivait dans le temps des plus étranges théories et des plus étranges actions : on traitait de préjugés et de superstitions toutes les opinions d'autrefois; le seul culte reconnu était celui de la *déesse de la raison*. Parmi les vieilles coutumes qui se trouvaient reléguées dans les abus passés de mode, on avait surtout classé les formes et les cérémonies du mariage ; pour des têtes libérales, c'étaient de vaines formalités. Le contrat social, dans son interprétation la plus large, était seul en vogue. Notre étudiant était trop fort sur ces théories pour ne point partager les opinions commodes qui se trouvaient à l'ordre du jour.

« Pourquoi nous séparer ? s'écria-t-il : nos cœurs sont d'accord ; aux yeux de la raison et de l'honneur nous sommes unis. Les ames élevées ont-elles besoin de formalités serviles pour se lier par des nœuds légitimes ? »

L'inconnue l'écoutait avec émotion. Il était clair qu'elle avait reçu la lumière à la même école.

« Vous n'avez, dit l'étudiant, ni demeure ni famille : que je vous tienne lieu de tout : si des formalités sont nécessaires, elles seront observées, je vous le promets : voilà ma main. Je m'engage à vous pour toujours. »

« Pour toujours? demanda l'inconnue d'un ton solennel.

« Pour toujours », répéta l'Allemand.

L'inconnue serra fortement la main qui lui était présentée. « Eh bien ! je suis à vous, dit le faible murmure de ses lèvres tremblantes ; et elle se laissa tomber doucement sur le sein du jeune homme.

Le lendemain, avant le jour, l'étudiant laissa reposer sa nouvelle épouse, et alla chercher, dans la matinée, un appartement plus convenable. A son retour, il trouva l'étrangère, étendue sur le lit, la tête penchée en dehors et le bras pendant.

Il s'avance pour la réveiller, et il veut la mettre dans une position plus commode. Il lui prend la main; cette main est glacée; les artères avaient cessé de battre. Il la regarde; elle a les traits immobiles et les yeux éteints. En un mot, il ne trouve plus qu'un cadavre.

Saisi d'horreur, égaré, il répand l'alarme dans la maison. Le trouble et le désordre se communiquent partout. La police est avertie; l'officier public s'avance, et il s'écrie, en contemplant les traits qui s'offrent à lui : « Grand Dieu ! comment cette femme est-elle venue ici ? — La connaissez-vous? savez-vous qui elle est? » demanda Wolfgang, avec vivacité.

« Si je la connais ! réplique l'officier de police; elle a été guillotinée hier. »

Il s'approche, il défait le collier noir qui serrait le col d'albâtre, et la tête roule sur le parquet.

L'étudiant est saisi d'une frayeur subite. « Le démon, le démon, s'écria-t-il, s'est emparé de moi; je suis perdu à jamais. »

On essaya vainement de le calmer; cette fatale croyance venait de s'emparer de lui : un esprit infernal avait revêtu les formes d'une femme immolée sur l'échafaud : il était la victime de cette imposture. Sa raison fut perdue sans retour, et il mourut dans un hospice d'aliénés.

Ici le vieux narrateur termina son récit.

« Et cela est-il arrivé réellement ? » demanda le Monsieur aux questions.

« Sans doute, répliqua l'autre : j'en ai pour garant un témoin irrécusable. L'étudiant Wolfgang m'a raconté lui-même cette histoire, à Charenton, où il était enfermé. »

L'AVENTURE DU PORTRAIT MYSTÉRIEUX.

Comme une histoire de ce genre en amène une autre, et que le sujet paraissait occuper la compagnie, au point que chacun des membres eût volontiers introduit sur la scène tous ses parens et ancêtres, il est impossible de savoir combien nous aurions appris encore d'aventures extraordinaires, si tout-à-coup un gros et vieux chasseur de renards, qui avait dormi profondément jusqu'alors, ne se fût réveillé avec un long et bruyant bâillement. Le charme se trouva rompu, les revenans s'évanouirent comme si le chant du coq se fût fait entendre, et on accueillit à l'unanimité la motion d'aller se coucher.

« A présent, voyons la chambre aux spectres, » dit le capitaine irlandais, en prenant son flambeau.

« Ah! ah! » s'écria l'homme à la tête délabrée, « qui de nous sera le héros de la fête, cette nuit? »

« C'est ce que nous verrons le matin, » répondit le Monsieur au drôle de nez : celui à qui nous trouverons l'air pâle et défait aura vu le spectre. »

« Eh! Messieurs, reprit le baronnet, on dit souvent la vérité en plaisantant. — Au fait, quelqu'un de vous va coucher dans la chambre..... »

« Quoi! une chambre à revenans! — Une chambre à revenans! — Je la réclame. — Et moi... et moi..... cria une douzaine de convives qui parlaient et riaient tous ensemble.

« Non, non, » dit notre hôte ; « il y a un secret relativement à une de mes chambres, et je voudrais y tenter une expérience. Ainsi, Messieurs, personne de vous ne doit savoir qui aura la pièce aux revenans, jusqu'à ce que les circonstances nous l'apprennent. Je ne veux pas le savoir moi-même ; j'abandonne le tout au sort et à la discrétion de ma femme de charge. En même temps, si cela peut vous êtes agréable, j'observerai, pour l'honneur de mon manoir paternel, qu'il n'y a guère ici de chambre qui ne soit digne de voir des esprits. »

Alors nous nous séparâmes, et chacun se rendit à l'appartement qui lui était assigné. Le mien se trouvait à une des ailes du bâtiment, et je ne pus m'empêcher de sourire de sa ressemblance avec ces chambres aux aventures, dont on avait donné la description dans les histoires du souper. Il était spacieux et sombre, et décoré de portraits noircis par la fumée : on y voyait un lit en vieux damas, avec un ciel assez haut pour orner un lit de parade ; et puis quantité de pièces massives d'un antique ameublement. Je roulai devant le large foyer un énorme fauteuil à pieds de griffon ; j'attisai le feu, je m'assis en fixant les yeux sur la flamme, et en ruminant les singulières histoires que j'avais entendues, jusqu'à ce que la fatigue de la chasse, et un peu la bonne chère de mon hôte, m'endormirent dans mon fauteuil.

Cette position incommode ne me procura qu'un sommeil agité ; je fus à la merci d'une foule de rêves fâcheux et effrayans. Bientôt un souper et un dîner perfides se réunirent pour conspirer contre mon repos. Je fus galopé par un succulent gigot de mouton ; un lourd plumb-pudding continua de peser comme du plomb sur ma conscience ; le croupion d'un chapon vint me suggérer mille idées saugrenues, et une diablesse de cuisse de dinde se remua sans cesse devant mon imagination, sous les formes les plus infernales. En un mot, j'eus un violent accès de cauchemar ; il semblait que je fusse sous l'influence d'un charme inévitable. Quelque chose de pénible m'oppressait d'un poids que je ne pouvais secouer. Je sentais que je dormais, et je m'efforçais de me lever ; mais chacun de mes efforts redoublait le mal ; enfin, me débattant et me demenant, et presque étouffant, je me redresse d'un saut, et je me retrouve droit dans mon fauteuil, et tout réveillé.

La lumière sur la cheminée brûlait

dans le chandelier, et la mèche tombait des deux côtés ; il y avait comme une cloison de cire formée de mon côté, par la bougie qui coulait : le flambeau expirant jetait une lueur large et vacillante, qui répandait un jour très-fort sur certain tableau placé au-dessus de la cheminée, mais que je n'avais pas remarqué jusqu'alors. Ce n'était rien qu'une tête, ou plutôt un visage qui semblait me regarder fixement, et avec une expression à me décontenancer. Il n'y avait point de corps, et au premier coup d'œil j'eus de la peine à me persuader que ce ne fût pas une véritable figure humaine qui s'avançât au travers du noir panneau en bois de chêne. Je restai assis en la contemplant ; mais plus je la contemplais, et plus elle m'inquiétait. Jamais tableau ne m'avait affecté ainsi ; les sensations qu'il excitait en moi étaient inexplicables. On aurait dit cette puissance attribuée à l'œil du Basilic, ou l'effet mystérieux que produisent quelques reptiles, et qu'on appelle fascination. Je me passai plusieurs fois machinalement la main sur les yeux, comme pour effacer l'illusion; mais en vain, tout de suite mes regards se reportaient sur le tableau : et un froid mortel qui me glaçait les veines s'insinuait de plus en plus dans tous mes membres. Je regardai autour de moi d'autres tableaux, soit pour détourner mon attention, soit pour essayer s'ils auraient le même pouvoir. Il y en avait d'assez vilains pour produire cet effet, s'il n'eût fallu que la vilaine mine d'un portrait. Mais point du tout; je les passai tous en revue avec une parfaite indifférence; et au moment où je m'arrêtai de nouveau à ce visage sur la cheminée, ce fut comme si une secousse électrique m'eût frappé.

Les autres portraits paraissaient d'un coloris terne et usé; celui-ci sortait d'un fond uni, en relief saillant, et son coloris était d'une vérité admirable. Il exprimait l'état d'agonie, mais d'une agonie produite par la plus forte douleur physique; avec tout cela, un air menaçant caractérisait le sourcil, et quelques gouttes de sang ajoutaient à l'horreur qu'il inspirait. Ce n'était pas cependant cet extérieur, mais plutôt un sentiment d'aversion et d'antipathie indéfinissables, excités par le tableau, qui s'emparaient de tout mon être.

J'essayai de me persuader que c'était une chimère; que mon cerveau se trouvait troublé par la bonne chère de notre hôte, et, jusqu'à un certain point, par les étranges contes de tableaux qu'on avait débités à souper. Je me décidai à secouer ces brouillards de l'esprit; je me levai, je me promenai, je fis claquer mes doigts, je me moquai de moi-même, je ris tout haut; mais c'était un rire forcé, dont l'écho, répété par la vieille chambre, m'écorcha l'oreille. Je m'avançai vers la fenêtre, et je tâchai de découvrir le paysage à travers les vitres. Il faisait noir comme dans un four, et la tempête grondait. Au moment où j'écoutais le vent qui sifflait dans les arbres, j'aperçus la maudite figure que réfléchissait un des carreaux, comme si elle fût venue m'examiner à la croisée. Ce reflet même était effrayant.

Comment surmonter ce honteux excès de mal de nerfs? car voilà tout ce que je croyais y voir. Je résolus de m'efforcer à ne plus regarder le tableau, et de me déshabiller bien vite pour me mettre au lit. Je commençai à ôter mes habits; en dépit de tous mes efforts, je ne pus m'empêcher de jeter de temps en temps à la dérobée un regard sur le portrait; ce regard suffisait pour me démonter, même quand j'avais le dos tourné; l'idée seule de cette effroyable figure placée derrière moi, et qui voyait par dessus mes épaules, me devenait insupportable. Je jetai mes vêtemens et m'élançai au lit; mais les grands yeux de ce visage me poursuivaient toujours. Je le découvrais en plein, du fond de mon lit; et pendant quelque temps je ne pus en détourner ma vue. Mes nerfs avaient fini par s'agiter au plus haut degré. J'éteignis la lumière, et m'efforçai de m'endormir : toujours en vain ! Le feu se ranima un instant, et jeta une lumière incertaine autour de la chambre, en laissant toutefois le côté du tableau dans l'ombre la plus épaisse. Eh! pensai-je, si c'était ici la chambre que mon hôte a indiquée comme environnée de certain mystère ! J'avais pris ses paroles pour une plaisanterie; peut-être ont-elles un sens réel. Je regardai partout. L'appartement, éclairé d'une manière douteuse, avait toutes les qualités requises dans une chambre de spectres. Il commençait à prendre, dans mon imagination malade, la plus étrange apparence. Les vieux portraits devenaient à chaque instant plus pâles et plus pâles, plus noirs et plus noirs; la projection de l'ombre et de la lumière, parmi les meubles bisarres qui le garnissaient, leur prêtait une forme et une tournure plus singulières. Une énorme presse à calandre, bien noire, de forme antique, ornée d'un cuivre massif, et lustrée par le frottement de la cire, commençait surtout à me tracasser infiniment. Suis-je donc, en effet, me dis-je, le héros de la chambre aux esprits? y a-t-il véritablement un sort jeté sur moi, ou bien tout cela n'est-il qu'un jeu de mon hôte, pour faire rire à mes dépens? L'idée d'être chevauché toute la nuit par mes propres terreurs, et puis de me voir persifflé sur mon air hagard, le lendemain, devenait insupportable; mais cette idée même suffisait pour produire l'effet, et pour agacer davantage mes nerfs. Bah! m'écriai-je, il n'y a rien de tout cela. Comment ce brave homme se serait-il imaginé que moi, ou que tout autre, nous nous serions tourmentés ainsi pour un simple tableau? C'est mon imagination seule qui me tourmente. Je me retournai dans mon lit, et je changeai continuellement de position, pour essayer de dormir, mais toujours vainement : lorsqu'on ne peut s'endormir en se tenant tranquille, on n'y réussira guère en s'agitant. Par degrés, le feu s'éteignit tout-à-fait, et laissa la chambre dans les ténèbres. J'avais toujours devant l'esprit l'image de cette inconcevable figure, qui me suivait et me surveillait à travers les ombres ; et, ce qui était encore plus fâcheux, l'obscurité même augmentait la terreur. C'était comme un ennemi invisible qui plane sur votre tête pendant la nuit. Au lieu d'un portrait, pour me vexer, j'en avais maintenant une centaine. Je me le figurais dans toutes les directions. Il est là, pensais-je, et là, et encore là ; le voici avec l'horrible et mystérieuse expression de cet œil toujours ouvert sur moi, toujours ! Ah ! s'il faut subir cette étrange et effrayante persécution, il vaut mieux se trouver en face d'un seul ennemi, que d'être livré à son image mille fois répétée !

Tous ceux qui se sont trouvés dans cet état d'agitation nerveuse, doivent savoir que plus elle se prolonge et moins elle devient facile à calmer. Tout, jusqu'à l'air de la chambre, finit par se ressentir de la présence contagieuse du fatal tableau. Il me semblait le sentir sur moi. J'aurais juré que la formidable figure s'approchait de mon visage ; et que son haleine me brûlait. Cela n'est plus tolérable, m'écriai-je enfin, en sautant du lit ; je ne puis y résister. Je ne ferai que me retourner et m'agiter sans cesse toute la nuit ; je deviendrai un vrai spectre, et je serai à la lettre le héros de la chambre aux revenans. Quoi qu'il arrive, je veux quitter cette maudite chambre, et chercher du repos ailleurs ; on ne pourra que se moquer de moi ; et à coup sûr je n'aurai pas les railleurs de mon côté si je passe une nuit blanche, et que je leur montre demain matin une figure décomposée.

Je me disais tout cela à voix basse, en passant à la hâte mes habits ; après quoi je m'éclipsai ; et bien vite, du haut en bas de l'escalier, je volai au salon.

Là, je fis la culbute par dessus deux ou trois marches, et j'atteignis enfin un sofa sur lequel je m'étendis, décidé à y bivouaquer le reste de la nuit. Du moment où je me trouvai hors du voisinage de l'étrange portrait, le charme fut rompu. Toute son influence avait cessé. Je me sentis rassuré de l'avoir confiné dans sa chambre; car, avec une précaution, en quelque sorte d'instinct, j'avais donné un tour de clé en fermant la porte. Je devins donc plus calme, et bientôt je me trouvai parfaitement tranquille; puis je m'assoupis, et peu à peu je dormis profondément. Je ne me réveillai qu'au moment où une servante avec son balai et avec son chant matinal vint arranger le salon. Elle s'étonna d'abord de me trouver étendu sur le canapé; mais je présume que des circonstances de ce genre, après un dîner de chasseurs, nétaient pas rares dans le ménage de garçon de son maître; car elle continua sa chanson et son travail, sans s'inquiéter de moi davantage.

J'éprouvais une répugnance invincible à rentrer dans ma chambre; je m'acheminai donc, comme je pus, vers le logement du sommelier, et je fis ma toilette aussi bien que l'occasion le permettait : je me trouvais des premiers au déjeuner. C'était un repas substantiel, comme il convient à des chasseurs au renard ; et toute la compagnie ne tarda pas à s'y réunir; quand on eut fait honneur au thé, au café, aux viandes froides, à la bierre forte, qui étaient servis en abondance, d'après le goût des divers convives, la conversation commença bientôt à s'animer de toute la joyeuse vivacité du matin.

« Mais, qui est le héros de la chambre aux spectres? qui de nous a vu le revenant cette nuit? demanda l'homme aux questions, en roulant autour de la table ses yeux de homard.

Cette question mit toutes les langues en mouvement. Il y eut des railleries, des examens de contenance, des accusations mutuelles et des récriminations à n'en point finir. Quelques uns avaient bu plus que de raison ; d'autres n'avaient pas la barbe faite : de sorte qu'on voyait assez de figures suspectes; moi, j'étais le seul qui ne pût entrer dans la plaisanterie avec aisance et de bon cœur.

Je me trouvais la langue embarrassée. Le souvenir de ce que j'avais vu et ressenti la nuit précédente me troublait encore. Le portrait mystérieux semblait toujours tenir l'œil sur moi Je crus aussi que les regards de mon hôte cherchaient les miens, avec un air de curiosité. Bref, je me sentais convaincu que j'étais l'homme dont il s'agissait;

et je me figurais que chacun pouvait lire cela sur mes traits. Cependant, la plaisanterie s'épuisa ; aucun soupçon n'avait paru s'arrêter sur moi. Je me félicitais déjà d'en être quitte à si bon marché, quand un domestique entra, pour dire qu'on avait trouvé, sous les coussins d'un sofa, quelque chose qui appartenait à celui qui avait couché au salon. Il tenait à la main ma montre à répétition! « Quoi! dit le questionneur éternel, » quelqu'un a-t-il donc couché sur le » sofa? »

« Ho! ho! un lièvre, un lièvre », s'écria le vieux Monsieur au nez flexible.

Je ne pouvais me dispenser de reconnaître la montre, et j'allais me lever tout honteux, quand un vieux et bruyant campagnard, assis à mes cotés, me frappa sur l'épaule en s'écriant : « de par tous les diables! c'est toi qui as vu l'esprit! »

L'attention générale se fixa sur moi ; ma figure, qui était pâle il y avait un moment, devint rouge comme le feu. J'essayai de rire : mais je ne pus que grimacer, et je trouvai que les muscles de mon visage se tiraillaient en diable, sans qu'il me fût possible de les ployer à ma fantaisie.

Il ne faut pas grand'chose pour exciter le rire parmi une bande pareille de chasseurs ; on entendit des éclats et un bruit à tout rompre : comme je ne fus jamais excessivement amateur d'une plaisanterie à mes dépens, je commençais à me trouver un peu contrarié. Je tâchai toutefois de paraître assez calme et indifférent, et de ne pas montrer que je me sentais piqué. Mais l'indifférence et le calme d'un homme irrité sont bien traîtres.

« Messieurs, dis-je, en baissant légèrement le menton, et en essayant de sourire, « tout ceci est très-plaisant.— ha! ha!—fort plaisant. Mais je désire que vous sachiez que je ne suis pas superstitieux,—pas plus qu'aucun de vous. —Ha! ha!—Et quant à la poltronnerie, ou tout ce qui pourrait y ressembler..... Vous souriez, Messieurs; bien! — Mais je me flatte que personne ici n'a l'intention d'insinuer.......pour ce qui est des esprits qui reviendraient dans ma chambre, je le répète, Messieurs (m'échauffant un peu, comme je voyais une détestable grimace qui se formait), sans doute, je n'ajoute foi à ces histoires absurdes pas plus que qui que ce soit : mais, puisque vous m'adressez le paquet, je veux bien vous dire qu'en effet j'ai vu dans ma chambre quelque chose d'étrange et d'inexplicable. (Grands éclats de rire.) Messieurs, je parle sérieusement ; je sais ce que je dis ; je suis calme (en frappant du poing sur la table); par Dieu ! je suis calme ; je ne plaisante pas, et je n'aime pas qu'on me plaisante. (Le rire cessa ; on fit des efforts burlesques pour paraître grave.) Dans la chambre où l'on m'a logé, se trouve un portrait qui a produit sur moi l'effet le plus singulier et le plus incompréhensible.

« Un portrait ! demanda le Monsieur à la tête délabrée. — Un portrait ! s'écria le narrateur au nez mobile. — Un portrait ! un portrait, répétèrent plusieurs voix. » Il y eut ici une invincible explosion de rires. Je ne fus plus en état de me contenir. Je me levai précipitamment, et je regardai autour de moi avec une indignation fougueuse ; j'enfonçai les deux mains dans mes poches, et je m'avançai à grands pas vers une des croisées, comme si j'eusse voulu y passer.

Là je m'arrêtai, je regardai le paysage sans distinguer un seul objet, et je sentis mon gosier s'enfler jusqu'à m'étouffer.

Notre hôte vit qu'il était temps d'intervenir. Il avait conservé son air de gravité, pendant toute la scène ; alors il s'avança, comme pour me protéger contre l'accablante gaieté de mes compagnons.

« Messieurs, dit-il, je n'aime pas à rompre les chiens ; mais vous avez eu votre tour de rire, et la plaisanterie de la chambre aux revenans a été assez loin ; maintenant je suis obligé de prendre le parti de notre convive. Non-seulement il faut que je le défende contre vos railleries, il faut encore le réconcilier avec lui-même ; car je soupçonne qu'il n'en est pas trop content ; mais surtout je veux lui demander pardon de l'avoir pris pour le sujet d'une expérience. Oui, Messieurs, il y a quelque chose d'étrange et de singulier dans la chambre où l'on a mis notre ami, cette nuit. Il y a chez moi un tableau qui possède une vertu extraordinaire et mystérieuse ; c'est un portrait auquel j'attache beaucoup de prix, à cause d'une infinité de circonstances : et quoique j'aie été tenté quelquefois de le détruire, à raison des sensations bisarres et désagréables qu'il excite chez tous ceux qui le considèrent, je n'ai jamais eu la force de consommer le sacrifice. Je n'aime pas moi-même à regarder ce portrait : il est pour mes domestiques un objet de frayeur. Par ces motifs, je l'ai relégué dans une chambre dont on se sert fort peu, et la nuit dernière je l'aurais couvert d'un voile, si ce n'eût été la tournure qu'avait prise notre conversation et les bisarres propos que nous avons tenus sur une chambre à revenant. Alors j'ai été tenté de le laisser à sa place, par forme d'expérience, afin de voir si un étranger qui n'aurait su absolument rien de ce tableau, en aurait éprouvé l'influence.

Ces paroles du baronnet avaient donné aux idées une direction toute différente. Chacun voulut entendre l'histoire du portrait mystérieux. Quant à moi, j'y trouvai mes sentimens intéressés à tel point, que j'oubliai de me sentir plus long-temps formalisé de l'expérience tentée par mon hôte, aux dépens de mes nerfs, et je joignis mes vives instances aux prières de la société. Comme la matinée, devenue fort mauvaise, nous empêchait de sortir, notre hôte fut très-content d'avoir trouvé quelque moyen d'amuser son monde; ainsi, ayant traîné son fauteuil près du feu, il commença.

AVENTURE DE L'ÉTRANGER MYSTÉRIEUX.

Il y a bien des années, lorsque j'étais jeune, et que je venais de quitter Oxford, on m'envoya faire le grand tour pour achever mon éducation. Je crois que mes parens avaient essayé en vain de m'inoculer la sagesse ; aussi m'envoyèrent-ils communiquer avec le monde, dans l'espoir que je la gagnerais de la manière naturelle. Telle paraît, au moins, la raison qui fait partir les neuf dixièmes de nos jeunes gens pour les pays étrangers. Dans le cours de mes voyages, je séjournai quelque temps à Venise : l'aspect romantique de cette ville me plut infiniment. Je m'amusai beaucoup de l'air d'aventure et d'intrigue qui régnait dans ce pays des masques et des gondoles. Vivement épris de deux beaux yeux noirs languissans qui, de dessous une mante italienne, attaquèrent mon jeune cœur, je me persuadai que je ne traînais si long-temps à Venise que pour étudier les hommes et les mœurs ; du moins, je le persuadai à mes amis, ce qui suffisait pour remplir mes vues.

J'avais des dispositions à me laisser charmer par tout ce qui était singulier dans la conduite et dans le caractère; et mon imagination était si remplie de ses rapports romanesques avec l'Italie, que je cherchais sans cesse des aventures. Tout, dans cette ville de syrènes, était en harmonie avec cette disposition de mon esprit. J'avais mes appartemens dans un immense et triste palais, sur le grand canal, jadis la résidence d'un noble Vénitien, et dont les restes d'une grandeur déchue attestaient encore l'ancienne magnificence. Mon gondolier était un des plus adroits de cette classe : actif, enjoué, intelligent, et, de même que ses confrères, secret comme le tombeau; c'est-à-dire, secret pour tout le monde, excepté son maître. Il fut à peine une semaine à mon service, que je me trouvai, grâce à lui, derrière les rideaux de tout Venise. J'aimais le silence et le mystère de cette ville; et si quelquefois, à la brune, j'apercevais, au loin, de ma croisée, une gondole noire (1) glissant furtivement

---

(1) Toutes les gondoles sont de cette couleur à Venise.

(*Note du traducteur.*)

sur l'eau, et que la clarté d'une petite lanterne rendait seule visible, je sautais dans ma propre barquette, et je donnais le signal de la poursuite. Mais je m'éloigne de mon sujet, par le souvenir des folies de ma jeunesse, dit le baronnet en s'interrompant : revenons au fait.

Une de mes ressources ordinaires était un casino entre les arcades d'un des côtés de la place Saint-Marc. J'avais l'habitude de m'y reposer sans rien faire, et d'y prendre des glaces, dans ces chaudes nuits d'été, pendant lesquelles, en Italie, chacun est hors de chez soi jusqu'au matin. J'étais assis là un soir, quand un groupe d'Italiens prit place à une table, de l'autre côté du salon. Leur conversation vive et gaie était animée par le feu et les gestes propres à cette nation. Je remarquai cependant parmi eux un jeune homme,

qui semblait ne point prendre part à
l'entretien et n'y trouver aucun plaisir,
quoiqu'il parût s'efforcer d'y donner
son attention; il avait la taille mince et
élancée, et des manières qui prévenaient
en sa faveur. Ses traits étaient beaux,
quoiqu'amaigris. Ses cheveux noirs et
luisans, légèrement bouclés, en grande
quantité, à l'entour de la tête, contras-
taient avec l'extrême pâleur de son visage;
son air était sombre ; de profonds sil-
lons semblaient tracés sur son front
par le chagrin, et non par l'âge; car il
était évidemment dans la première jeunesse. Son regard était plein d'expression et de feu, mais inégal et farouche.
Il paraissait tourmenté par quelqu'é-
trange idée ou par la terreur. Malgré
toutes ses tentatives pour s'attacher à la
conversation de ses amis, j'observai que
de temps en temps il se retournait doucement pour jeter par-dessus l'épaule un

regard craintif, et puis il retirait tout d'un coup la tête, avec une secousse, comme si quelque chose de pénible eût frappé sa vue. Cela se répétait par intervalles d'une minute; et à peine était il remis d'un choc, que je le voyais se préparer lentement à en essuyer un autre.

Après être restée quelque temps assise dans le casino, la société paya les rafraîchissemens qu'elle avait pris, et se retira. Le jeune homme quitta le dernier le salon, et je remarquai qu'il regardait derrière lui, toujours de la même manière, en sortant de la porte. Je ne pus résister au désir de me lever et de le suivre; car j'étais dans l'âge où un sentiment romanesque de curiosité s'éveille facilement. La société se promena lentement sous les arcades, en causant et en riant. Ils traversèrent la petite place; mais ils s'arrêtèrent au milieu, pour jouir du coup d'œil : c'était une de ces nuits éclairées par la lune, si belle et si brillante dans l'atmosphère pure de l'Italie. Les rayons de cet astre se répandaient sur la grande tour de Saint-Marc, et éclairaient la magnifique façade et les dômes superbes de la cathédrale. La société peignit en expressions animées le délicieux plaisir qu'elle éprouvait. Je tins les yeux sur le jeune homme; lui seul semblait distrait et préoccupé. Je reconnus encore ce regard singulier, et pour ainsi dire furtif, par-dessus l'épaule, qui avait attiré mon attention dans le casino. La société s'en alla; je la suivis : elle longea la promenade appelée le Broglio, tourna le coin du palais ducal, et, entrée dans une gondole, je la vis glisser légèrement au loin.

La figure et la conduite de ce jeune homme ne me sortirent pas de l'esprit :

l y avait dans son extérieur quelque chose qui m'intéressait vivement. Je le rencontrai, un ou deux jours après, dans une galerie de tableaux. Il était évidemment connaisseur, car il distinguait toujours les chefs-d'œuvre ; et les courtes observations que lui arrachaient ses amis montraient une profonde connaissance de l'art. Son goût cependant allait singulièrement d'une extrémité à l'autre : Salvator Rosa, et ses scènes sauvages ou solitaires; Raphaël, le Titien, le Corrège, et les contours grâcieux des beautés de la femme, étaient admirés tour-à-tour, avec un enthousiasme passager; mais cela paraissait eulement un oubli momentané ; sans cesse il revenait à ce furtif coup d'œil en arrière, et toujours il se retournait vivement, comme si son regard eût rencontré quelque chose de terrible.

Plus tard, je le rencontrai souvent au

spectacle, aux bals, aux concerts, et à la promenade dans les jardins de San-Georgio ; aux grotesques représentations de la place Saint-Marc ; dans la foule des négocians à la Bourse près du Rialto. Il paraissait en effet chercher la cohue, courir après le bruit et les amusemens, sans cependant prendre intérêt à aucune affaire, ni à la gaieté du spectacle. Toujours cet air abstrait d'un homme accablé par des pensées pénibles et douloureuses ; toujours cet étrange mouvement répété, et ce craintif regard par-dessus l'épaule. Je crus d'abord que tout cela provenait de la crainte de se voir arrêté, ou peut-être de la peur d'être assassiné. Mais alors, pourquoi sortir ainsi, pourquoi s'exposer à toute heure, en tout lieu ?

J'éprouvai une vive impatience de connaître cet étranger. J'étais entraîné par cette romanesque sympathie, qui souvent attire les jeunes gens l'un vers l'autre. A mes yeux, sa mélancolie lui prêtait un charme qui s'augmentait encore par la touchante expression de sa physionomie et la mâle beauté de toute sa personne ; car la beauté mâle fait impression, même sur les hommes. J'avais à lutter contre la timide maladresse ordinaire aux Anglais pour engager la conversation ; mais je surmontai cette timidité : de fréquentes rencontres avec lui au casino m'applanirent par degrés les voies, et je fis sa connaissance. Je n'eus à combattre aucune réserve de son côté : il paraissait, au contraire, rechercher la société ; tout lui semblait préférable à la nécessité de rester seul.

Quand il vit que je prenais réellement intérêt à lui, il se livra tout à mon amitié. Il s'attachait à moi comme un homme qui se noie ; il se promenait avec moi des heures entières, montant et

descendant la place Saint-Marc ; ou
bien il restait assis dans mon appartement jusqu'à ce que la nuit fût avancée.
Il prit des chambres sous le même toit
que moi, et sa constante prière était
que je lui permisse, si cela ne me dé-
rangeait pas, de s'asseoir près de moi
dans mon salon. Ce n'était pas qu'il
parût prendre particulièrement plaisir à
ma conversation, mais plutôt qu'il désirait ardemment le voisinage d'un être
humain, et surtout d'un être qui sym-
pathisait avec lui. « J'ai souvent, disait-
il, entendu citer la bonne foi des Anglais : grâces à Dieu ! j'ai enfin un Anglais pour ami ! »

Cependant il ne parut jamais disposé
à profiter de mon attachement, que
pour avoir un compagnon. Jamais il
ne chercha l'occasion de m'ouvrir
son cœur. Son sein renfermait une
angoisse dévorante qui ne pouvait être

apaisée, « ni par le silence, ni par les paroles (1). »

Un chagrin rongeur minait son ame, et semblait tarir le sang dans ses veines. Ce n'était pas la douce mélancolie,

---

(1) Ces mots se trouvent dans une chanson de Shakspeare.

Oh! heart, oh! heart, oh! heavy heart!
Why sigh'st thou without breaking?
Because thou canst not ease thy smart,
By silence nor by speaking.

Le style de M. Washington Irving se distingue par l'heureux emploi d'expressions et de tournures empruntées aux grands écrivains, surtout de l'ancienne littérature anglaise. Il ne cite point; mais, soit qu'il parle en son nom, soit qu'il introduise un personnage dont l'éducation suppose la connaissance des bons auteurs, son langage est toujours empreint d'une couleur classique. De là une foule d'allusions qu'il est difficile de rendre.

(*Note du traducteur.*)

maladie des cœurs sensibles, mais une véritable agonie qui le flétrissait et le consumait. Je voyais quelquefois qu'il avait les lèvres sèches et brûlantes ; il haletait plutôt qu'il ne respirait ; ses yeux étaient ardens ; ses joues pâles et livides se nuançaient, par intervalle, de faibles teintes rouges, tristes reflets du feu qui dévorait son ame : si alors je lui donnais le bras, il le pressait avec un mouvement convulsif ; ses mains se contractaient, se fermaient malgré lui, et une espèce de frisson agitait tout son être.

Je lui parlai de sa mélancolie ; je tâchai de lui en arracher le secret : il éluda toute confidence. « Ne cherchez pas à le savoir, me disait-il : si vous le connaissiez, vous ne pourriez me soulager, et même vous ne chercheriez pas à me soulager. Au contraire, je perdrais votre affection : et je sens, ajoutait-il en me serrant convulsivement la main, je sens

que cette affection m'est trop précieuse
pour que je risque de la perdre. »

Je m'efforçai de réveiller en lui quelque espérance. Il était jeune ; la vie lui offrait mille plaisirs : il y a dans un jeune cœur une salutaire force de réaction ; il guérit ses propres blessures. « Allons, allons, lui disais-je, il n'y a point de si violent chagrin que la jeunesse ne puisse surmonter. » « Non, non, répondait-il en serrant les dents et se frappant à plusieurs reprises la poitrine avec l'énergie du désespoir : — Il est ici ! ici ! profondément enraciné ; il me dévore le sang ! il croît et augmente à mesure que mon cœur se flétrit et se dessèche. Je porte en moi un horrible admoniteur qui ne me laisse aucun repos ; il suit chacun de mes pas, il suivra chacun de mes pas jusqu'à ce qu'il m'ait précipité dans la tombe ! »

En disant cela, il jeta involontairement

un de ces regards d'effroi par-dessus l'épaule, et il retira la tête avec plus de terreur que de coutume. Je ne pus résister au désir de faire mention de ce mouvement, que je n'attribuai qu'à une maladie de nerfs. Au moment où j'en parlai, son visage devint cramoisi ; des convulsions agitèrent ses traits : il me saisit les deux mains. »

« Pour l'amour de Dieu ! s'écria-t-il d'une voix perçante, ne revenez plus jamais sur ce sujet ; mon ami, évitons-le ; vous ne pouvez pas me soulager ; non, en vérité, vous ne pouvez pas me soulager, mais vous pouvez ajouter aux tourmens que j'endure.... Un jour vous saurez tout.

Je ne touchai plus à cette matière : quoique ma curiosité fût de beaucoup augmentée, ses souffrances m'inspiraient une pitié trop vraie pour que je voulusse les accroître en insistant davantage. Je tentai plusieurs moyens pour le distraire et pour l'arracher à cette constante méditation dans laquelle il était plongé. Il vit mes efforts, et il les seconda autant qu'il était en son pouvoir; car son caractère n'avait rien d'opiniâtre ni de capricieux; au contraire, il y avait quelque chose de franc, de généreux, de modeste dans sa conduite. Tous les sentimens qu'il manifestait étaient nobles et élevés. Il ne demandait point à être traité avec une tolérance indulgente. Il semblait porter dans le silence de la résignation le fardeau de ses peines, et il ne cherchait qu'à le porter auprès de moi. Il y avait en lui une manière muette de supplier, comme s'il eût imploré le bienfait de l'association avec un être humain; et ses regards exprimaient une tacite reconnaissance, comme s'il m'eût remercié de ce que je ne le repoussais pas.

Je sentis que cette mélancolie devenait contagieuse ; elle s'empara de mes esprits, elle empoisonna toutes mes joies, et par degrés elle couvrit mes jours d'un voile de douleur ; je ne pus cependant obtenir de moi-même de rejeter un infortuné qui semblait s'appuyer sur moi comme sur son unique appui.

A dire vrai, les nobles traits de son caractère, qui perçaient au travers de sa tristesse, avaient pénétré jusqu'à mon cœur. Il était d'une bonté libérale et généreuse ; sa bienfaisance était douce et spontanée. Il ne se bornait pas à de simples charités, qui souvent humilient plus qu'elles ne soulagent : le son de sa voix, l'expression de son regard, ajoutaient au prix de ses dons, et montraient au pauvre suppliant, étonné, la plus rare et la plus douce bienfaisance, celle qui ne vient pas seulement de la main, mais qui part du cœur. En effet, sa libéralité semblait tenir de l'abaissement de soi-même et de l'expiation. Il s'humiliait en quelque sorte devant l'indigent. « Quel droit ai-je à l'aisance et au superflu, murmurait-il tout bas, quand l'innocence, couverte de haillons, languit dans la misère ? »

Le carnaval arriva. J'espérais que les scènes de gaieté qui se présentent alors auraient sur lui quelque heureux effet. Je me jetai avec lui dans la foule bigarrée qui se pressait sur la place Saint-Marc. Nous fréquentâmes l'opéra, les bals, les parties de masques ; tout en vain : le mal alla toujours croissant. Il devint de plus en plus sombre et agité. Souvent, après être revenu d'une de ces scènes bruyantes, j'entrais dans sa chambre et je le trouvais couché le visage tourné sur le canapé, ses poings dans ses beaux cheveux, et tout son aspect portant les marques des convulsions de son ame.

Le carnaval se passa ainsi, puis le carême, et bientôt la semaine sainte. Nous assistâmes un soir, dans une église, à un service solennel, pendant lequel on exécuta un grand morceau de musique vocale et instrumentale, relatif à la mort de notre Sauveur.

J'avais remarqué toujours qu'il était sensiblement affecté par la musique ; dans cette occasion, il le fut à un degré extraordinaire. Quand les sons graves s'élevaient dans les hautes voûtes, il semblait enflammé de ferveur; ses yeux se tournaient vers le ciel, au point de ne plus laisser apercevoir que le blanc; ses mains se joignaient avec tant de force que les doigts s'imprimaient dans la chair. Quand la musique exprima l'agonie de la mort, son visage se pencha par degrés jusque sur ses genoux ; et, lorsque l'église retentit de ces paroles touchantes : *Jesu mori*, ses sanglots éclatèrent sans qu'il les retînt. Jamais, auparavant, je ne l'avais vu pleurer; il avait toujours éprouvé des angoisses plutôt que de l'attendrissement. J'augurai bien de cette circonstance, et je le laissai pleurer sans l'interrompre. Le service terminé, nous sortîmes de l'église. Quand nous retournâmes chez nous, il se tint à mon bras d'une manière plus douce et plus calme, au lieu de cette agitation nerveuse que j'étais habitué de trouver en lui. Il parla du service que nous avions entendu. « La musique, dit-il, est vraiment la voix du ciel : jamais je ne me sentis plus touché par le récit du sacrifice de notre Sauveur. Oui, mon ami, dit-il, joignant les mains tout transporté, je sens que « mon Rédempteur est vivant! » (1)

---

(1) Citation du Nouveau Testament.
(*Note du traducteur.*)

Nous nous séparâmes. Sa chambre n'était pas loin de la mienne, et je l'entendis s'y occuper pendant quelque temps. Je m'endormis ; mais je fus éveillé avant le jour. Le jeune homme, en habits de voyage, était à côté de mon lit ; il tenait à la main un paquet cacheté, et un autre paquet plus gros qu'il posa sur la table.

« Adieu, mon ami, dit-il, je pars pour un long voyage ; mais avant de partir je vous laisserai ces marques de souvenir. Dans ce paquet vous trouverez les détails de mon histoire; quand vous les lirez, je serai loin d'ici. Ne pensez pas à moi avec aversion. Vous avez été pour moi un véritable ami ; vous avez versé du baume dans mon cœur déchiré, mais vous ne pouviez pas le guérir. Adieu; laissez-moi vous baiser la main; je ne suis pas digne de vous embrasser! » Il tomba à genoux, saisit ma main, en dépit de mes efforts pour l'en empêcher, et la couvrit de baisers. J'étais si étonné de cette scène que je ne pouvais dire un mot. « Mais nous nous reverrons, » m'écriai-je vivement, comme je le voyais s'approcher de la porte. « Jamais! jamais dans ce monde, » dit-il d'un ton solennel. Il se précipita encore une fois sur ma main, la pressa sur son cœur et sur ses lèvres, et s'élança hors de la chambre.

Ici le baronnet s'arrêta. Il paraissait absorbé par ses pensées; ses regards restaient fixés sur le parquet, et ses doigts battaient en cadence le bras de son fauteuil.

« Et ce mystérieux personnage revint-il? » dit le Monsieur aux questions. — « Jamais, répondit le baronnet, en secouant la tête d'un air pensif : je ne le revis jamais. » « Et, s'il vous plaît, quel rapport tout cela peut-il avoir avec le portrait? » demanda le vieux Monsieur au nez mobile. — « Sans doute, dit le questionneur; est-ce le portrait de cet Italien à cerveau fêlé ? » — Non, dit sèchement le baronnet, peu satisfait de la qualification donnée à son héros ; mais ce portrait était renfermé dans le paquet qu'il me laissa. Le paquet cacheté, contenait les explications. Il y avait sur l'enveloppe extérieure une invitation de n'ouvrir celui-ci que six mois plus tard. Je tins parole malgré ma curiosité. J'ai sur moi la traduction de cet écrit, et je me proposais de vous la lire pour expliquer le mystère de la chambre ; mais je crois que j'ai déjà occupé l'attention de la société trop long-temps. »

Ici tout le monde exprima le vœu d'entendre la lecture du manuscrit, surtout le questionneur en titre. Alors le digne baronnet développa un manuscrit d'une belle écriture, et, après avoir essuyé ses lunettes, il lut à haute voix l'histoire suivante.

HISTOIRE DU JEUNE ITALIEN.

Je naquis à Naples. Mes parens étaient d'un rang élevé, mais ils ne possédaient qu'un revenu très-borné ; ou plutôt mon père, dont le goût pour l'ostentation ne se réglait pas sur nos ressources, dépensait de si grandes sommes à son palais, à son équipage, à sa suite, qu'il ne cessa jamais d'être gêné. J'étais fils cadet ; mon père ne me regardait qu'avec indifférence ; et, par orgueil de famille, tous ses désirs tendaient à laisser sa fortune à mon aîné. Dès l'enfance, je montrai la plus grande sensibilité ; tout m'affectait à l'extrême. Je ne quittais pas encore les bras de ma nourrice; et je ne prononçais pas une syllabe, que déjà on me trouvait susceptible au plus haut degré d'un sentiment de douleur ou de plaisir, sous l'influence de la musique. A mesure que je grandis, mes sensations conservèrent cette même vivacité ; je tombais dans des accès effrayans de joie ou de rage. Ma famille et les domestiques se firent un jeu d'exciter ce tempérament irritable. On provoquait mes larmes, mes éclats de rire, mes mouvemens de fureur, pour amuser la compagnie, qui se plaisait au spectacle de ces passions violentes et orageuses dans un corps si faible et si délicat : ils ne pensaient pas au danger d'entretenir une pareille sensibilité, ou ils s'en inquiétaient peu. Je devins donc un petit être indomptable avant que ma raison ne se fût développée. Bientôt on me trouva trop grand pour servir de jouet; dès-lors, je finis par être un tourment. Les traits d'emportement et les excès auxquels on m'avait habitué, à force de me faire enrager, parurent fastidieux et fatigans; et ceux qui venaient de diriger si bien mon éducation, me prirent en haine à cause du fruit même de leurs leçons. Ma mère mourut, et mon règne, comme enfant gâté, fut fini. Il n'y avait plus aucun motif pour chercher à me contenter ou pour me supporter, car on n'y trouvait aucun profit, puisque je n'étais pas en faveur auprès de mon père. Je subis donc le sort des enfans gâtés quand ils tombent dans cet état; on me négligea, ou l'on ne fit attention à moi que pour me contrarier et me vexer. Tels furent les premiers traitemens qu'éprouva un cœur qui, si j'en juge bien, avait été doué par la nature d'un penchant extrême aux affections douces et tendres.

Mon père, comme je viens de le dire, ne m'aima jamais. Au fait, il ne me comprit point; il me regarda comme un enfant volontaire, opiniâtre, inaccessible aux sentimens de la nature. La gravité de ses manières, son air imposant, la hauteur et la fierté de son regard, voilà cependant ce qui m'avait repoussé de ses bras. Je me le représentais toujours tel que je l'avais vu, revêtu de sa robe sénatoriale, dans tout le fracas de ses pompes et de son orgueil. La magnificence de sa personne avait découragé ma jeune imagination; je ne pus jamais l'approcher avec la confiance affectueuse d'un enfant.

Tous les sentimens de mon père s'étaient concentrés dans son amour pour mon aîné. C'était lui qui devait hériter des titres et des dignités de la famille; tout devait lui être sacrifié : moi, aussi bien que toute autre chose. On décida que je me consacrerais à l'église, pour se délivrer ainsi de moi et de mes caprices, et pour m'empêcher de donner de l'embarras à mon père, ou d'intervenir dans les affaires de mon frère. En conséquence, avant que mon ame, à son aurore, eût entrevu le monde et ses plaisirs, avant que j'en eusse connu autre chose que l'enceinte du palais de mon père, je fus envoyé dans un monastère dont le supérieur était mon oncle, et on me confia tout-à-fait à ses soins.

Mon oncle était un homme entièrement étranger au monde; il n'en avait jamais aimé les plaisirs, car il ne les avait jamais goûtés. L'abnégation de soi-même était à ses yeux la grande base des vertus chrétiennes. Il traitait la constitution de chaque individu comme la sienne propre, ou plutôt il assimilait tout le monde à lui même. Son caractère et ses habitudes influençaient toute la congrégation dont il était le chef. Jamais on n'avait formé de réunion d'êtres plus sombres, plus-songe-creux; le bâtiment même des moines avait tout ce qu'il fallait pour tenir en éveil les pensées mélancoliques et solitaires. Il se trouvait dans les gorges des montagnes en deçà du Vésuve. Toutes les vues lointaines étaient coupées par de stériles montagnes volcaniques. Une source d'eau vive, descendue des hauteurs voisines, roulait au pied de nos murailles; et nos tourelles entendaient la voix perçante des aigles.

J'avais été envoyé dans ces lieux à un âge assez tendre pour perdre tout souvenir distinct de ce que j'avais abandonné. A mesure que mon esprit se développa, il se forma donc une idée du monde d'après le couvent et son voisinage, et c'était là un monde bien misérable. Il laissa de bonne heure dans mon imagination une teinte bien lugubre. Les effrayantes histoires des moines sur les démons et les malins esprits, dont ils épouvantèrent ma jeune imagination, me donnèrent une tendance superstitieuse dont je ne pus jamais m'affranchir. Ils prirent, à travailler mon ardente susceptibilité, le même plaisir qu'avaient goûté, d'une manière si funeste, quelques domestiques de mon père. Je me rappelle encore les horreurs dont ils remplirent ma tête échauffée, pendant une éruption du Vésuve. Nous étions séparés du volcan par des chaînes de montagnes ; mais les convulsions ébranlèrent les barrières posées par la nature. Les tremblemens de terre menaçaient de culbuter les clochers de notre couvent : une lumière effrayante et lugubre était suspendue dans les airs pendant la nuit, et une pluie de cendres, amenée par le vent, tomba dans notre étroite vallée. Nos moines parlaient de cellules en ruches à miel dont la terre était remplie sous nos pas ; de flots de lave fondue qui circulaient dans ses veines ; de cavernes de flammes sulfureuses roulant au centre, demeure des démons et des damnés ; de gouffres de feu prêts à nous engloutir. Tous ces contes servaient d'accompagnement au bruit terrible du tonnerre des montagnes, dont les sourds mugissemens faisaient trembler nos murailles.

Un des moines avait été peintre, mais il s'était retiré du monde, et il avait embrassé ce genre de vie si austère en expiation de quelque crime. C'était un homme mélancolique qui continuait de cultiver son art dans sa cellule solitaire; mais il en faisait une œuvre de pénitence. Il s'occupait à représenter, soit sur la toile, soit en cire, les traits et les formes de l'homme dans la dernière lutte contre la mort, et tous les accidens progressifs que présente le corps humain quand on le voit se dissoudre et se corrompre. Ses travaux dévoilaient tous les mystères du charnier, et présentaient aux yeux l'horrible repas des vers. Aujourd'hui, le seul souvenir de ses ouvrages me glace d'effroi ; alors mon imagination forte, mais mal dirigée, recueillait ses instructions avec avidité. Tout était bon pour faire diversion à mes études avides et aux devoirs monotones du cloître. En peu de temps je devins habile à manier le pinceau, et mes lugubres productions furent trouvées dignes d'orner les autels de la chapelle.

C'était ainsi qu'on élevait un être doué d'une imagination vive et sensible. On réprimait tout ce que j'avais d'aimable et de bon dans le caractère ; on ne donnait l'essor qu'à ce qui était mauvais et disgracieux. J'avais un tempérament ardent : vif, actif, impétueux, j'étais créé pour être tout affection, tout amour; mais une main de plomb s'appesantissait sur mes qualités les plus exquises. Bientôt je ne connus plus que la terreur et la haine. Je haïssais mon oncle ; je haïssais les moines ; je haïssais le couvent où j'étais confiné ; je haïssais le monde, et je me haïssais presque moi-même d'être, comme je le pensais, un animal si haineux et si haïssable.

J'allais atteindre ma seizième année, lorsqu'un jour on me permit d'accompagner un des frères qui allait en mission vers une partie éloignée de la province. Nous laissâmes bientôt derrière nous la sombre vallée où j'avais été enfermé depuis tant d'années, et après un court voyage à travers les montagnes, le voluptueux paysage qui environne la baie de Naples parut à mes yeux. Puissances célestes ! comme je fus transporté lorsque de mes regards j'embrassai la vaste étendue d'un pays délicieux, animé par le soleil et paré de bosquets et de vignobles ! A ma droite, le Vésuve élevant sa double cîme ; à ma gauche la verte Méditerranée aux rivages enchantés, que couvraient des villes somptueuses et de brillantes campagnes ; et Naples, ma ville natale, bien loin, bien loin à l'horizon.

Bon Dieu ! était-ce là ce monde charmant d'où l'on m'avait exclus ! Je venais d'atteindre l'âge heureux où la sensibilité n'a rien perdu de sa fleur et de sa fraîcheur première. On avait engourdi mes facultés ; elles se développaient maintenant avec l'énergie d'un ressort trop long-temps comprimé. Mon cœur, resserré jusqu'à ce jour, en dépit de la nature, s'épanouit à la douce chaleur d'une infinité d'émotions vagues, mais délicieuses. Les beautés de la nature m'enivraient, me ravissaient en extase. Les chants des paysans, leur air serein, leurs heureux travaux, la grâce pittoresque de leurs vêtemens, leur musique champêtre, leurs danses, tout produisait sur moi l'effet d'un enchantement. Mon ame répondait à la musique ; mon cœur bondissait dans mon sein ; tous les hommes me paraissaient aimables, toutes les femmes dignes d'amour.

Je retournai à mon couvent, c'est-à-dire mon corps y retourna, mais mon ame et mon cœur n'y rentrèrent jamais. Je ne pouvais plus oublier ce monde heureux et séduisant que je n'avais vu qu'à la dérobée, et qui était si bien en rapport avec mes sentimens. Dans ce monde je m'étais trouvé si heureux, si différent de ce que je me trouvais dans le cloître, tombeau des vivans. Je comparais l'air de ceux que j'avais vus pleins de feu, de fraîcheur et de gaieté, avec le visage pâle, livide et plombé des moines; la musique de la danse avec la psalmodie de la chapelle. J'avais déjà trouvé très-fastidieux les exercices du couvent; ils m'étaient maintenant devenus insupportables : mon ame se consumait dans le cercle étroit de monotones devoirs; mes nerfs s'irritaient du triste son de la cloche du couvent, dont le tintement, sans cesse répété par l'écho des montagnes, m'arrachait sans cesse, pendant la nuit, au sommeil, pendant le jour, à mes pinceaux, pour m'appeler à quelqu'ennuyeuse et machinale pratique de dévotion.

Je n'étais pas d'un caractère à méditer long-temps sans mettre mes pensées en action. Mon esprit, subitement éveillé, s'était développé en moi. J'épiai un moment favorable, je m'enfuis du couvent, et je me rendis à pied à Naples. Dès que j'entrai dans ces rues gaies et populeuses, et que de toutes parts je sentis autour de moi le tumulte et la variété ; que je vis le luxe des palais, la magnificence des équipages, la pantomime animée d'une population bigarrée, il me sembla que je me réveillais dans un monde enchanté, et je fis le vœu solennel que jamais rien ne me rendrait à la monotonie du cloître.

Je fus forcé de demander le chemin du palais de mon père ; j'étais si jeune quand je le quittai, que j'ignorais où il était situé. J'éprouvai quelque difficulté à être admis en présence de mon père ; car les domestiques savaient à peine qu'il existât un être comme moi, et mes habits monastiques ne parlaient pas en ma faveur. Mon père lui-même n'avait gardé aucun souvenir de ma personne. Je lui dis mon nom ; je me jetai à ses pieds, en implorant son pardon, et je le suppliai de ne plus me renvoyer au couvent.

Il me reçut plutôt avec la condescendance d'un protecteur qu'avec la tendresse d'un père. Il écouta patiemment mais avec froideur, l'énumération de mes griefs contre la vie monastique et le récit de mes dégoûts. Il me promit de songer à ce qu'il pourrait faire de moi. Cette froideur arrêta le germe de mes sentimens affectueux, près d'éclore à la moindre lueur de tendresse paternelle. Je sentis revivre toutes les impressions que l'aspect de mon père m'avait jadis fait éprouver. Je retrouvai en lui cet être orgueilleux et hautain qui avait intimidé mon imagination enfantine, et qui avait agi comme si je n'eusse pas eu le moindre titre à sa tendresse. Mon frère s'était emparé de tous ses soins, de tout son amour ; il avait hérité de son caractère ; il prit plutôt avec moi un air de protection qu'il ne montra la cordialité d'un frère. Cela blessa ma fierté ; j'en avais infiniment. Je pouvais endurer le ton protecteur de mon père, car je ne le considérais qu'avec crainte, comme un être supérieur ; mais je ne pouvais endurer le patronage d'un frère dont je sentais l'infériorité intellectuelle. Les domestiques s'aperçurent que j'étais un fâcheux intrus dans la maison paternelle, et, en vrais valets, ils me traitèrent avec dédain. Ainsi, déconcerté de tous points, et blessé dans mes affections partout où elles auraient voulu se porter, je devins sombre, silencieux et abattu. Mes sentimens, repoussés sur moi-même, se concentrèrent dans mon cœur en le dévorant. Je restai quelques jours dans la maison paternelle, plutôt comme un hôte incommode que comme un fils retrouvé. J'étais destiné à n'y être jamais apprécié. Des traitemens injustes m'avaient rendu étranger à mes propres yeux, et les autres me jugeaient d'après ce que mon caractère en avait contracté de qualités étranges.

Je fus un jour très-effrayé de voir un des moines de mon couvent se glisser hors de la chambre de mon père. Il me vit, mais il fit semblant de ne pas m'apercevoir : cette hypocrisie me donna des soupçons. J'étais devenu défiant et susceptible; tout m'effarouchait. Dans cette situation d'esprit, je fus traité avec une impertinence marquée par un petit freluquet, domestique favori de mon père. Tout l'orgueil et toute l'impétuosité de mon caractère éclatèrent à l'instant ; je jetai l'insolent à terre. Mon père passait par là ; il ne s'arrêta point à demander la raison de ce brusque mouvement, et il ne pouvait en effet tout d'un coup reconnaître les longues souffrances qui l'avaient provoqué. Il me réprimanda d'un ton de colère : il eut recours à toute l'expression de son orgueil et à toute la fierté de son regard, pour donner du poids au mépris dont il m'accablait. Je sentais que je ne l'avais point mérité. Je sentais que j'étais méconnu. Je sentais que j'avais en moi quelque chose qui valait un meilleur traitement. Mon cœur se souleva contre l'injustice de mon père. Je surmontai la crainte habituelle qu'il m'inspirait ; je lui répondis avec emportement. Mon ame ardente colorait mes joues et enflammait mes yeux ; mais mon cœur trop sensible se gonfla promptement ; et avant que j'eusse exhalé à moitié ma colère, je la sentis s'étouffer et s'éteindre dans mes larmes. Mon père, surpris et irrité de voir se relever ainsi le ver qu'il avait toujours foulé aux pieds, m'ordonna de rentrer dans ma chambre ; je me retirai suffoqué par tant d'émotions diverses

J'étais à peine rentré, lorsque j'entendis parler dans un appartement voisin. Mon père tenait une conférence avec le moine, sur les moyens de me ramener en sûreté au couvent. Ma résolution fut prise aussitôt. Je n'avais plus ni famille, ni père. La nuit même, je quittai le toit paternel ; je me rendis à bord d'un vaisseau qui allait mettre à la voile, et je m'élançai dans le vaste univers. Je m'embarrassai peu de savoir vers quel port on voguait. Toutes les parties d'un monde si beau étaient préférables à mon couvent : il m'importait peu où je serais jeté par la fortune ; tout endroit me donnerait une maison plus agréable que la maison que je fuyais. Le vaisseau était destiné pour

Gênes : nous y arrivâmes après une navigation de quelques jours.

Lorsque j'abordai dans le port entre les môles qui l'embrassent, et que je vis l'amphithéâtre de palais, d'églises et de magnifiques jardins, s'élevant les uns sur les autres, je reconnus combien cette ville avait de droits au nom de Gênes la superbe. Je débarquai sur le môle, étranger à tout, sans savoir que faire, ni où diriger mes pas. N'importe, j'étais délivré de l'esclavage du couvent et des humiliations de ma famille. Quand je traversais la rue Balbi et la rue Neuve, ces rues bordées de palais, et que je me voyais entouré de toutes les merveilles de l'architecture ; quand, à la chute du jour, au milieu d'une foule gaie et brillante, je traversais les allées verdoyantes de l'Aqua Verde, ou bien que je parcourais les colonnades et les terrasses des magnifiques jardins de Doria, je me figurais qu'on ne pouvait être que parfaitement heureux à Gênes.

Peu de jours suffirent pour me montrer mon erreur. Ma bourse légère était épuisée ; pour la première fois de ma vie, j'éprouvais les tristes angoisses du besoin. Je n'avais jamais connu le manque d'argent, et je n'avais jamais songé à la possibilité de ce malheur. Je ne connaissais ni le monde ni ses usages ; et quand la première idée du dénûment me vint à l'esprit, son effet fut accablant. J'errais sans ressources dans ces rues qui maintenant avaient perdu tout leur charme à mes yeux, lorsque le hasard conduisit mes pas dans la magnifique église de l'Annonciade.

Un peintre célèbre de l'époque dirigeait en ce moment les travaux pour placer sur l'autel un de ses tableaux. Mes progrès dans cet art, lors de mon séjour au couvent, avaient fait de moi un amateur enthousiaste. Du premier coup-d'œil, je fus ravis du tableau. C'était une madone. Que de candeur, que de charme dans cette expression divine d'amour maternel! Pour un moment, tout souvenir de moi-même se perdit dans l'enthousiasme de mon art : je joignis les mains, et je laissai échapper une exclamation de plaisir. Le peintre s'aperçut de mon émotion. Il en fut flatté ; mon air et mes manières lui plurent, et il m'aborda. Je sentais trop le besoin de l'amitié pour repousser les avances d'un étranger ; et il y avait en lui quelque chose de si affectueux et de si attrayant, qu'il gagna tout de suite ma confiance.

Je lui racontai mon histoire et ma position, en ne cachant que mon nom et mon rang. Mon récit parut l'intéresser vivement; il m'offrit sa maison, et bientôt je fus son élève favori. Il croyait apercevoir en moi des dispositions extraordinaires pour son art, et ses éloges éveillaient toute mon ardeur. Quelle heureuse période de ma vie que celle où je vécus sous ce toit hospitalier ! Un être nouveau semblait avoir été créé en moi ; ou plutôt ce que j'avais de bon et d'aimable s'était manifesté au dehors. Je vivais en reclus, comme au couvent, mais combien cette réclusion différait de l'autre ! Mon temps était employé à nourrir mon esprit d'idées nobles et poétiques ; à méditer tout ce qui portait un caractère de grandeur dans l'histoire et dans la fable ; à étudier et à retracer tout ce que la nature offrait de beau et de sublime. J'avais encore une tête ardente et visionnaire ; mais à présent mes rêveries et mes visions me ravissaient en extase. Je regardais mon maître comme un génie bienfaisant qui m'avait ouvert une région enchantée. Il n'était pas né à Gênes ; il s'y trouvait attiré par les sollicitations de plusieurs nobles, et il y résidait depuis peu d'années pour exécuter quelques ouvrages qu'il avait entrepris. Il était d'une santé délicate, et, pour remplir ses engagemens, il avait souvent besoin de recourir au pinceau de ses élèves. Il me considérait comme particulièrement heureux à rendre les traits de l'espèce humaine, à en saisir l'expression caractéristique et mobile, à la fixer sur la toile ; aussi étais-je toujours occupé d'esquisser des têtes ; et quand certaine grâce ou quelque beauté d'expression manquait à une figure, on la confiait à mon pinceau. Mon bienfaiteur se plaisait à me pousser en avant: soit par le talent que j'avais acquis, soit grâce à ses recommandations bienveillantes, je commençais à être remarqué pour l'expression des physionomies.

Parmi les divers ouvrages que j'avais entrepris se trouvait un tableau d'histoire destiné à un palais de Gênes, et dans lequel devaient figurer plusieurs membres de la famille. On confia un de ces portraits à mes pinceaux; c'était une jeune fille, encore au couvent pour achever son éducation. Elle sortit pour venir poser. Je la vis la première fois dans un appartement d'un des plus magnifiques palais de Gênes. Elle était devant une croisée qui donnait sur la rade : le soleil du printemps dardait sur elle un de ses rayons et l'entourait d'une espèce d'auréole, qui éclaira la riche tenture cramoisie de la chambre. Elle avait à peine seize ans ! ô Dieu ! qu'elle était séduisante ! Cette scène produisit sur moi l'effet d'une vision printannière de jeunesse et de beauté.

J'aurais voulu me prosterner et l'adorer. Elle ressemblait à une de ces fictions des poëtes et des peintres, quand ils veulent exprimer le beau idéal qui se représente à leur esprit sous des formes d'une perfection indescriptible. On m'avait permis de la peindre dans plusieurs attitudes, et je prolongeai follement une étude qui me perdait. Plus je la regardais, plus j'en devenais amoureux: il se mêlait un sentiment pénible à mon excessive admiration. Je n'avais que dix-neuf ans; j'étais timide, réservé et sans expérience. Sa mère me traitait avec distinction; ma jeunesse et mon enthousiasme pour l'art que je professais m'avaient valu cette faveur, et je suis disposé à croire que quelque chose dans mon air et dans mes manières inspirait de l'intérêt et m'attirait des égards. Cependant la bienveillance avec laquelle on m'accueillait ne put dissiper l'embarras que j'éprouvais toujours en présence de cet être adorable. Mon imagination y voyait plus qu'une mortelle. Je lui trouvais trop de perfection pour ce séjour terrestre, quelque chose d'angélique et de céleste qui ne pouvait appartenir à l'humanité. Si, en retraçant ses charmes sur la toile, mes yeux s'arrêtaient par hasard sur ses traits, j'aspirais un poison délicieux qui troublait ma raison. Tantôt mon cœur nageait dans la tendresse, et tantôt il se livrait au désespoir. Je connus alors, plus que jamais, la violence du feu qui avait couvé au fond de mon ame. Vous, qui êtes né dans un climat plus tempéré et sous un ciel plus froid, vous ne pouvez vous former qu'une idée bien faible des passions qui, dans les pays méridionaux, consument notre ame ardente.

En peu de jours ma tâche fut finie. Blanche retourna au couvent; mais son image resta gravée dans mon cœur d'une manière ineffaçable ; elle s'empara de mon imagination, elle devint pour moi le type de la beauté ; mes pinceaux même se ressentirent de cet effet. Je fus remarqué pour le bonheur avec lequel je retraçais les grâces de la femme ; je ne faisais que reproduire l'image de Blanche. Je flattais ma passion, et en même temps je la nourrissais en répétant cette image dans toutes les productions de mon maître. Je venais de placer dans une des chapelles de l'Annonciade une sainte que j'avais peinte ; j'entendis avec délices exalter, par la foule des spectateurs, son angélique beauté. Je les voyais en adoration se prosterner devant ce tableau ; ils étaient prosternés devant les charmes de Blanche.

Je vécus plus d'un an dans cette espèce de rêve, ou plutôt de délire. Telle est la force de mon imagination, que l'image qu'elle s'était formée conserva toute sa puissance et toute sa fraîcheur. J'étais un être solitaire, pensif, adonné à la rêverie, et très-disposé à nourrir les idées qui s'étaient emparées de moi. Je fus arraché à ce rêve délicieux et mélancolique par la mort de mon digne bienfaiteur. Je ne puis exprimer les angoisses que cette mort me causa : elle me laissait seul et désespéré. Il me légua le peu qu'il possédait ; la générosité de ses inclinations et sa noble manière de vivre avaient réduit en effet ce legs à peu de chose. En mourant, il me recommanda très-particulièrement à un grand seigneur qui avait été son patron.

Ce seigneur passait pour un homme très-magnifique. Il était amateur et protecteur des arts, et il désirait évidemment être regardé comme tel. Il s'imagina voir en moi l'indice d'un grand talent; mon pinceau avait attiré déjà ses regards; il me prit sur-le-champ sous sa protection. Voyant que j'étais accablé de chagrin, et incapable de rien produire dans la maison de mon ancien bienfaiteur, il me pria d'aller passer quelque temps à une campagne qu'il possédait au bord de la mer, dans le pittoresque voisinage de Sestri di Ponente.

Je trouvai à ce château le fils unique du comte. Philippe avait à peu près mon âge; il avait un extérieur prévenant et des manières séduisantes. Il se prit d'amitié pour moi, et sembla rechercher mon affection. Je crus voir quelque chose d'affecté dans son empressement; et le jeune comte me parut d'un caractère capricieux; mais je n'avais rien qui pût m'attacher, et mon cœur éprouvait le besoin d'un refuge. L'éducation de Philippe avait été négligée : il me regardait comme au-dessus de lui par les facultés de l'esprit et par l'instruction acquise, et il reconnaissait tacitement ma supériorité. Je me sentais son égal par la naissance, et ce sentiment me donnait un air d'indépendance qui lui imposait. Le caprice et la tyrannie que je le voyais souvent exercer envers des hommes soumis à son autorité ne se manifestèrent jamais à mon égard. Nous devînmes amis intimes et compagnons presqu'inséparables. J'aimais cependant à me trouver seul, et à m'abandonner aux rêves de mon imagination au milieu des scènes qui m'environnaient.

Le château dominait une vue immense sur la Méditerranée et sur la côte pittoresque de la Ligurie : isolé au centre d'un terrain embelli par l'art, orné de belles statues et de fontaines, il était entouré de bosquets, d'allées et d'épais ombrages. On y avait réuni tout ce qui pouvait plaire au goût et donner d'agréables distractions à l'esprit. Adoucies par la tranquillité de cette élégante retraite, mes sensations violentes s'affaiblirent par degrés, et, prenant la teinte du caractère romanesque de mon imagination, elles se changèrent en une douce et voluptueuse mélancolie.

Je n'étais pas long-temps au château, lorsque notre solitude fut animée par un nouvel hôte : c'était la fille d'un parent du comte, mort depuis peu dans une position malheureuse, et qui avait légué son unique enfant à la protection de ce seigneur. Philippe m'avait vanté la beauté de sa cousine ; mais mon esprit était si rempli de l'idée dominante d'une seule beauté, qu'il ne pouvait en admettre d'autre. Nous nous trouvions dans le salon, au centre du château, lorsque l'étrangère arriva. Elle était encore en deuil ; nous la vîmes s'approcher, appuyée sur le bras du comte. Lorsqu'ils montèrent le portique de marbre, je fus frappé de l'élégance de son maintien et de sa démarche, de la grâce avec laquelle le *mezzaro*, ce voile si séduisant des Génoises, enveloppait sa taille svelte. Ils entrèrent. Dieu ! quelle fut ma surprise quand Blanche parut à mes yeux ! C'était elle-même, pâle de douleur, mais encore plus charmante que lorsque je l'avais quittée. Le temps qui s'était écoulé avait développé les grâces de sa personne, et le chagrin qu'elle venait d'éprouver lui avait donné un air irrésistible de douce sensibilité.

Elle rougit et trembla dès qu'elle m'aperçut ; des larmes s'échappèrent de ses paupières, car elle se rappelait près de qui elle m'avait vu si souvent. Quant à moi, je ne puis exprimer ce que j'éprouvais. Peu à peu je surmontais l'extrême timidité qui me paralysait autrefois en sa présence. Nous étions attirés l'un vers l'autre par la sympathie de nos situations. Chacun de nous avait perdu son meilleur ami ; chacun de nous était en quelque sorte abandonné à l'affection d'un étranger. Lorsque je pus apprécier son ame, tous les rêves de mon imagination furent réalisés. Son ignorance du monde, les émotions délicieuses que lui inspiraient les beautés et les charmes de la nature, me rappelèrent mes propres sensations à l'époque où je m'étais échappé de mon couvent. La rectitude de ses idées enchantait mon esprit ; la douceur de son caractère séduisait mon cœur, et sa candeur si aimable, si pure dans sa fraîcheur, m'inspirait un délicieux délire.

Je la regardais avec une sorte d'idolâtrie, comme un être au-dessus d'une mortelle ; et j'étais humilié par l'idée de mon infériorité : et cependant c'était une mortelle, et une mortelle susceptible de tendresse et d'amour, car elle m'aimait !

Je ne puis plus me rappeler comment j'acquis cette ravissante certitude : je pense qu'elle s'était insinuée en moi par degrés, comme un prodige qui passe notre espoir et notre croyance. Tous deux d'un âge si tendre et si aimant, sans cesse en relation l'un avec l'autre, nous avions les mêmes goûts, nous suivions les mêmes études : la musique, la peinture, la poésie, faisaient nos délices à tous deux ; et nous nous trouvions presqu'isolés de la société au milieu des tableaux les plus touchans et les plus romantiques. Faut-il s'étonner que deux jeunes cœurs, ainsi rapprochés, se soient enchaînés aisément l'un à l'autre.

O Dieu ! quel rêve, quel rêve fugitif de plaisirs sans mélange je sentis alors glisser sur mon âme ! Alors je regardais le monde comme un vrai paradis ; car j'avais pour le partager avec moi une femme, une femme charmante, adorable ! Combien de fois je parcourus les rivages pittoresques de Sestri ; combien de fois je gravis ces montagnes sauvages, ayant devant moi, dans le lointain, une côte parsemée de maisons de campagne, la mer verdâtre à mes pieds, et, en perspective, la forme élancée du phare de Gênes, qui s'élevait de son romantique promontoire. En soutenant les pas chancelans de Blanche, je pensais qu'il n'y avait point d'infortune qui pût s'introduire dans un monde si ravissant! Combien de fois nous écoutâmes ensemble le rossignol qui, dans les jardins, remplissait de ses chants si riches de mélodie les bosquets éclairés par la lune; et combien de fois nous nous étonnâmes que les poètes eussent trouvé quelque mélancolie dans ses accens ! Pourquoi, ô pourquoi voyons-nous s'écouler si vite ce printemps de nos jours, cette heureuse saison de la tendresse, et pourquoi le nuage rosé de l'amour, qui répand un si doux éclat sur le matin de la vie, est-il dissipé sitôt par le vent de la tempête !

Je fus le premier à me réveiller de cet heureux délire des passions ! Je possédais le cœur de Blanche, mais qu'allais-je faire ? Je n'avais ni fortune, ni espérances pour oser prétendre à sa main : profiterais-je de son ignorance du monde, de sa confiante affection, pour l'entraîner dans ma misère ? Serait-ce là reconnaître l'hospitalité du comte ? serait-ce reconnaître l'amour de Blanche ?

Alors je m'aperçus que même l'amour heureux avait son amertume. Un souci dévorant rongeait mon cœur : j'errais autour du palais comme un criminel : je me sentis affecté comme si j'eusse abusé de l'hospitalité, comme si je me fusse trouvé un brigand introduit dans ses murs. Je ne pouvais plus sans embarras jeter les yeux sur le comte; je m'accusais de perfidie envers lui; je croyais qu'il la lisait dans mes regards, et que déjà il laissait planer sur moi ses soupçons et son mépris. Ses manières nobles et affables me semblaient devenues froides et hautaines. Philippe lui-même prit un air de réserve et de contrainte, ou du moins je l'imaginai ainsi. O ciel! me disais-je, serait-ce simplement une idée enfantée par mon cerveau, ou suis-je réellement soupçonné par tout le monde?

Devais-je examiner tout le monde avec soupçon, en malheureux imaginaire, épiant chaque geste, chaque regard, et me mettant à la torture par de fausses interprétations? ou bien, si je ne m'étais pas trompé, devais-je rester dans une maison où je n'étais que toléré, pour y languir dans la souffrance? Cela n'est plus supportable, m'écriai-je, je m'arracherai à cet état d'humiliation; je détruirai l'enchantement; je fuirai! fuir! — où? — hors du monde? car où était le monde, si je quittais Blanche?

Mon caractère naturellement orgueilleux s'irritait à l'idée qu'on pût me regarder avec mépris. Souvent je fus sur le point de déclarer mon nom et mon rang en présence de Blanche, et de montrer que j'étais leur égal, lorsque je croyais que ses parens prenaient un air de supériorité. Mais cette résolution était passagère. Je me considérais comme dédaigné et repoussé par ma famille; et j'avais solennellement juré que jamais je n'avouerais mes rapports avec elle, jusqu'à ce qu'elle-même réclamât la parenté.

Les combats de mon ame détruisirent mon bonheur et ma santé. Il semblait que l'incertitude d'être payé de retour m'eût été moins insupportable que la certitude d'être aimé, en n'osant pas jouir de cette conviction. Je n'étais plus l'admirateur passionné de Blanche; les sons de sa voix ne me ravissaient plus en extase; mes insatiables regards ne s'enivraient plus de la beauté de ses traits. Son sourire même cessa de me charmer; je me sentais coupable de recevoir cette faveur.

Elle s'aperçut de mon changement, et m'en demanda la cause avec sa franchise et sa simplicité ordinaires. Je n'éludai pas la question; mon cœur était trop plein de sa souffrance. Je lui confiai tous les combats de mon ame, ma passion dévorante, les reproches amers que je m'adressais. « Oui, disais-je, je suis indigne de vous. Je suis rejeté par ma famille. Je suis un homme errant, sans nom, sans asile; la pauvreté seule est mon partage, et cependant j'ai osé vous aimer! j'ai osé aspirer à votre amour! »

Mon agitation la toucha jusqu'aux larmes; mais elle ne trouva point ma position aussi désespérée que je la peignais. Élevée dans un couvent, elle ne connaissait pas le monde, ses besoins, ses soucis; et en effet, quelle femme peut songer aux règles de la prudence du monde, lorsqu'elle aime? Bien plus, elle se livra au plus tendre enthousiasme, en parlant de moi et de ma fortune. Nous nous étions entretenus souvent des ouvrages des grands maîtres; je lui avais raconté leur histoire. La brillante réputation, l'influence et les richesses qu'ils avaient obtenues, l'amitié des princes, la faveur des rois, l'honneur d'être cité comme l'orgueil des nations; à l'entendre, tout cela m'était réservé. Son amour ne voyait dans ces productions célèbres rien que je ne fusse capable d'égaler; et quand je voyais les yeux de cette jeune fille adorable briller d'une si noble ardeur, et ses traits rayonner à l'idée de ma gloire, je me sentais en cet instant transporté dans le ciel que lui ouvrait son imagination.

Je m'arrête trop longtemps à cette partie de mon histoire; mais je ne puis passer légèrement sur une époque de ma vie dont le souvenir est pour moi plein de charmes, malgré les peines et les chagrins qui m'accablaient. Mon ame alors n'était pas souillée par le crime; je ne savais pas encore ce qui résulterait du combat entre l'orgueil, la délicatesse et l'amour, lorsque, dans une gazette de Naples, je lus le récit de la mort subite de mon frère. On y avait joint un pressant avis pour obtenir des renseignemens sur mon sort, et dans le cas où il me tomberait sous la main, on me priait de me rendre sur le champ à Naples, pour consoler mon père infirme, livré à l'affliction.

Mon caractère était naturellement affectueux ; mais mon frère n'avait jamais été un frère pour moi. Je me considérais depuis long-temps comme ne lui étant rien, et sa mort me causa peu d'émotion. Les chagrins de mon père, infirme et désolé, me touchèrent vivement ; et quand je pensais que cet être si fier et si imposant, aujourd'hui courbé sous l'affliction, me suppliait de le consoler, tout mon ressentiment pour son ancien abandon se dissipa, et la flamme de l'amour filial se réveilla en moi.

Néanmoins, le sentiment qui dominait tous les autres était la joie que j'éprouvais de ce changement inattendu dans mon sort. Famille, nom, rang, fortune, tout m'attendait ; et l'amour m'offrait, dans le lointain, une perspective encore plus ravissante. Je courus près de Blanche, et je me jetai à ses pieds. « O Blanche ! m'écriai-je, enfin j'ose vous réclamer comme un bien qui peut m'appartenir. Je ne suis plus un aventurier sans nom, un être négligé, rejeté, exilé. Tenez, lisez, voyez les nouvelles qui me rendent à mon nom et à moi-même. »

Je ne m'arrêterai pas à la scène qui s'ensuivit : Blanche se réjouit de mon changement de situation, parce qu'elle voyait que mon cœur était soulagé d'un grand fardeau de soucis ; quant à ce qui la concernait, elle m'avait aimé pour moi-même, et elle n'avait jamais douté que mon propre mérite n'eût à la fois maîtrisé la gloire et la fortune.

Maintenant, je sentis ma fierté naturelle respirer en moi. Je ne marchais plus les yeux baissés vers la terre ; l'espoir les élevait vers le ciel. Une ardeur nouvelle échauffait mon ame et brillait dans tous mes traits.

Je désirais communiquer au comte le changement survenu dans ma fortune, lui faire connaître mon nom et mon rang, et lui demander formellement la main de Blanche; mais il voyageait dans un pays éloigné. J'ouvris à Philippe mon ame tout entière. Je lui parlai pour la première fois de ma passion, de l'incertitude et des craintes qui m'avaient agité; enfin des nouvelles qui les dissipaient. Il m'accabla de félicitations et des assurances de la plus ardente affection : je l'embrassai dans toute la plénitude de mon cœur ; j'éprouvai des remords de l'avoir soupçonné de froideur, et je lui demandai pardon d'avoir douté de son amitié.

Rien n'est aussi vif ni aussi enthousiaste que l'expansion du cœur entre deux jeunes gens. Philippe entrait avec le plus grand intérêt dans tout ce qui me concernait. Bientôt il nous servit de confident et de conseiller. Nous décidâmes que je me rendrais sur le champ à Naples, pour regagner l'affection de mon père et me réintégrer dans la maison paternelle ; du moment que la réconciliation aurait été faite, et que je me serais assuré du consentement de mon père, je reviendrais pour demander au comte la main de Blanche. Philippe se chargea d'obtenir le consentement de son père ; de plus il s'engageait à veiller sur nos intérêts, et à nous servir d'intermédiaire pour notre correspondance.

Ma dernière entrevue avec Blanche fut tendre, délicieuse, déchirante. C'était dans un petit pavillon du jardin, une de nos retraites favorites. Oh! combien de fois je retournai pour entendre encore un adieu; voir encore un de ses regards fixé sur moi dans une muette émotion ; jouir encore une fois de l'aspect ravissant de ses pleurs qui baignaient ses joues, presser encore une fois cette main charmante, et couvrir de baisers et de larmes ce gage d'amour donné avec tant de candeur. O Dieu ! il y a jusque dans la séparation douloureuse de deux amans un délice, au-dessus de tous les plaisirs de l'indifférence ! En ce moment encore Blanche est présente à mes yeux. Je la vois se tenir à la fenêtre du pavillon, écarter de la main le feuillage d'une vigne dont le pampre s'attachait à la croisée, s'animer de l'incarnat de la pudeur virginale, pleurer et sourire à la fois, et m'envoyer mille et mille adieux, tandis que dans le délire de la tendresse et de l'agitation je prenais à regret et en hésitant le chemin de l'avenue.

Quand le bateau m'éloigna de la rade de Gênes, avec qu'elle avidité mes regards plongèrent le long du rivage de Sestri, jusqu'à ce que j'eusse découvert le château qui brillait entre les arbres au pied de la montagne. Tant qu'il fit jour, je regardai l'édifice jusqu'à ce qu'il eût diminué de manière à ne plus présenter qu'un point blanc dans le lointain; mes yeux fixes et immobiles le distinguaient encore, quand tous les autres objets du rivage étaient devenus vagues, incertains et confus, ou qu'ils se perdaient dans l'obscurité de la nuit.

A mon arrivée à Naples, je me rendis sur le champ à la maison paternelle. Mon cœur brûlait de jouir enfin d'un bienfait si longtemps retenu, de l'amour d'un père. Au moment de franchir le majestueux portail du palais de mes ancêtres, mon émotion fut si forte que je ne pus parler. Personne ne me connaissait: les domestiques m'examinaient avec surprise et curiosité. Les années qui venaient de former et de développer mon intelligence avaient prodigieusement changé le pauvre jeune homme échappé du couvent. L'idée que personne ne me connût au milieu de mon héritage légitime était accablante. Mon retour semblait être celui de l'enfant prodigue : j'étais étranger dans la maison de mon père. Je fondis en larmes et mes sanglots éclatèrent. Quand je me fus nommé, cependant, tout changea de face. Moi, qui jadis avait été presque repoussé de ces murs et forcé de m'enfuir comme un exilé, j'étais aujourd'hui accueilli par des cris de joie, et reçu avec une soumission servile. Un des domestiques courut préparer mon père à me recevoir; mon impatience de jouir des embrassemens paternels était si grande que je ne pus attendre son retour, et que je me précipitai sur ses pas.

Quel spectacle frappa mes yeux lorsque j'entrai dans la chambre !... Mon père, que j'avais laissé dans toute la force de l'âge, et dont la contenance imposante et noble avait si souvent frappé de crainte ma jeune imagination, était maintenant courbé par l'âge et flétri par la décrépitude. La paralysie avait altéré ses formes majestueuses, dont il ne restait plus que de faibles ruines. Il était assis dans un fauteuil, le visage pâle et défait, les yeux transparens et distraits ; ses facultés intellectuelles avaient évidemment souffert autant que les forces physiques. Le domestique tâchait de lui faire comprendre que quelqu'un désirait le voir. D'un pas mal assuré, j'arrivai près de lui et je tombai à ses pieds. Son ancienne froideur, son abandon, j'oubliai tout en voyant ses souffrances; je me rappelai seulement qu'il était mon père, et que je l'avais fui. J'embrassai

ses genoux : ma voix était presqu'étouffée par des sanglots convulsifs..
« Pardon ! pardon, ô mon père ! », fut tout ce que je pus proférer. Les idées parurent lui revenir peu à peu ; il fixa pendant quelques instans sur moi un regard inquiet et curieux ; un tremblement convulsif agita ses lèvres, il étendit faiblement sa main décharnée, la posa sur ma tête, et, comme un enfant, versa un torrent de larmes.

Depuis ce moment il ne pouvait se passer de moi ; il semblait que je fusse le seul objet au monde qui touchât son cœur ; tout autre chose ne lui était rien. Il avait presque perdu la force de parler, et la faculté du raisonnement paraissait près de s'éteindre. Il restait muet et passif, excepté quand un accès de douleur enfantine, qui ne provenait d'aucune cause immédiate, s'emparait de lui : si je sortais parfois de la chambre, ses yeux restaient fixés sur la porte jusqu'à mon retour, et mon entrée faisait encore une fois couler ses larmes.

Dans une pareille situation, c'eût été une chose bien plus qu'inutile de lui parler de ce qui me concernait ; m'éloigner de lui, si courte qu'eût pu être mon absence, c'eût été une action cruelle, dénaturée. Voilà donc mes sentimens de nouveau mis à l'épreuve. Je dus me contenter d'écrire à Blanche ; je lui rendis compte de mon retour et de ma situation actuelle ; je lui peignis de couleurs vives, car elles étaient vraies, le tourment que j'éprouvais d'être ainsi séparé d'elle ; car, aux yeux du jeune amant, chaque jour d'absence est un siècle perdu pour l'amour. Je renfermai cette lettre dans celle que j'écrivais à Philippe, notre intermédiaire pour la correspondance. Je reçus de lui une réponse pleine d'affection et d'amitié ; Blanche me donnait de nouvelles assurances de tendresse et de fidélité. Les semaines, les mois s'écoulèrent sans apporter de changement à ma position. La flamme vitale qui semblait près de s'éteindre lorsque je vis mon père la première fois, jetait des lueurs inégales sans diminuer visiblement. Je le veillai avec constance, avec sollicitude, je dirais presque avec patience. Je savais que sa mort seule me rendrait libre ; cependant je ne la désirai pas un instant. Je me sentais trop heureux d'avoir l'occasion d'expier en partie mon ancienne désobéissance ; et, privé de toutes les douceurs de la parenté, comme je l'avais été dans mes premières années, mon cœur ému s'attachait à un père qui, vieux et sans secours, s'était remis entièrement à moi du soin de le consoler.

Ma passion pour Blanche s'augmentait de jour en jour par l'absence ; en y songeant continuellement, la blessure devenait de plus en plus profonde : je ne fis aucune nouvelle connaissance, je ne contractai aucune liaison d'amitié ; je ne recherchai aucun des plaisirs de Naples, qui volaient au-devant de mon rang et de ma fortune. Tous mes plaisirs se concentraient dans un cœur rempli d'un petit nombre d'objets, mais qui s'y arrêtait avec une ardeur d'autant plus passionnée. Rester à côté de mon père, prévenir ses besoins, et dans son appartement silencieux, penser à Blanche, telle était ma constante occupation. Quelquefois je m'amusais à peindre, et je retraçais l'image toujours présente à mon esprit. Je transportais sur la toile chaque regard, chaque sourire de celle qui régnait sur mon cœur : je montrais le tableau à mon père, dans l'espoir d'exciter en lui quelqu'intérêt pour l'ombre de mon idole ; mais ses facultés intellectuelles avaient trop baissé pour qu'il y prêtât quelque autre attention que celle d'un enfant. Quand je recevais une lettre de Blanche, c'était une nouvelle source de plaisir dans ma solitude. Ses lettres, il est vrai, devenaient de plus en plus rares ; mais elles contenaient toujours les assurances d'une éternelle affection. Elles ne respiraient pas l'innocente chaleur de franchise que Blanche avait dans sa conversation ; j'attribuai cette différence à l'embarras qu'éprouve souvent un cœur inexpérimenté à s'exprimer sur le papier. Son inaltérable constance m'était garantie par Philippe. Tous deux déploraient, dans les termes les plus forts, notre longue séparation, quoiqu'ils rendissent justice à la piété filiale qui me retenait près de mon père.

Près de deux années s'écoulèrent dans cet exil prolongé. Elles me parurent autant de siècles. Ardent et d'un caractère impétueux, je sais à peine comment j'aurais supporté une si longue absence, si je n'avais été aussi sûr de la fidélité de Blanche que de la mienne. Enfin mon père mourut; sa vie s'éteignit insensiblement. Penché sur lui dans une muette affliction, j'assistai aux dernières convulsions de la nature. Ses dernières paroles faibles et entrecoupées murmuraient encore des bénédictions sur moi. Hélas! comment ontelles été accomplies!

Quand j'eus rendu les derniers devoirs à ses restes, et que je les eus déposés dans le tombeau de nos ancêtres, j'arrangeai promptement mes affaires, de manière à pouvoir avec facilité les diriger de loin, et, le cœur bondissant de joie, je m'embarquai aussitôt pour Gênes.

Notre voyage fut heureux : ô quel fut mon ravissement, quand, au point du jour, j'aperçus pour la première fois les Apennins dont les cîmes ombragées s'élèvent comme des nuages au-dessus de l'horizon ! Une douce brise d'été nous poussait sur les longues vagues agitées qui nous portaient vers Gênes. Peu à peu la côte de Sestri sortit, comme par enchantement, du sein de la mer argentée. Je vis la ligne de villages et de palais qui la couvrent. Mes yeux se tournèrent vers un point bien connu, et enfin, malgré la confusion d'objets si éloignés, je distinguai le château qui renfermait Blanche. Ce n'était qu'une petite tache dans le paysage; mais, pour mon cœur, c'était l'étoile polaire brillant dans le lointain.

C'était la seconde fois que mes regards se fixaient sur ce château pendant une longue journée d'été : mais quelle différence entre les émotions du départ et celles du retour! Maintenant, au lieu de s'éloigner et de décroître, cette heureuse demeure s'approchait et s'agrandissait à ma vue. Mon cœur semblait se dilater dans la même proportion. Je regardai par le télescope. Bientôt je distinguai chaque partie l'une après l'autre : les balcons du salon du milieu, où je rencontrai la première fois Blanche dans ce château; la terrasse où nous avions passé tant de délicieuses soirées d'été; la toile tendue qui ombrageait la fenêtre de sa chambre; je m'imaginais presque y voir paraître sa figure. Que ne pouvait-elle savoir que son amant montait ce vaisseau dont la blanche voile éclatait sur la brillante surface de l'onde! Plus nous approchions de la côte, et plus s'accroissait ma vive impatience; il me semblait que le vaisseau se traînait lentement sur les flots; je me serais presque jeté à la mer, pour rejoindre à la nage le rivage tant désiré.

Les ombres du crépuscule couvrirent peu à-peu le paysage; mais la pleine lune se levant dans toute sa beauté, répandit sur la côte romantique de Sestri cette douce clarté si chère aux amans. Mon ame nageait dans une inexprimable tendresse. Je jouissais d'avance de ces divines soirées que j'allais encore passer à errer avec Blanche à ce clair de lune si délicieux.

La nuit était avancée lorsque nous entrâmes au port. La matinée suivante, dès que je fus délivré des formalités du débarquement, je me jetai sur un cheval, et je courus vers la campagne. Tandis que je galopais autour des rochers du promontoire où se trouve le phare, et que je découvrais dans son entier la côte de Sestri, mille craintes et mille doutes s'élevèrent tout-à-coup en mon sein. Lorsqu'on revient près de ceux qu'on aime, on éprouve une certaine terreur, aussi long-temps qu'on est incertain sur le changement ou le malheur que l'absence peut avoir produit. La violence de mon agitation ébranla tout mon être. Je donnai des éperons à mon cheval pour le faire redoubler de vitesse : il était couvert d'écume lorsque tous deux hors d'haleine, nous arrivâmes à la barrière qui fermait l'entrée des dépendances du château. Je laissai mon cheval à une chaumière, et je traversai à pied les promenades pour tâcher de recouvrer ma tranquillité avant l'entrevue qui s'approchait. Je me grondai moi-même d'avoir souffert que des doutes et de vagues soupçons se fussent ainsi emparés de moi; mais j'étais toujours le même.

En entrant dans le jardin, chaque

chose se présentait à mes yeux dans le
même état où je l'avais laissée; quand je
vis que rien n'était changé, je me rassurai. Là se trouvaient les allées où je
m'étais si souvent promené avec Blanche, en écoutant les chants du rossignol; les mêmes ombrages sous lesquels
nous nous étions si souvent assis pendant les chaleurs du milieu du jour : là,
les mêmes fleurs qu'elle aimait tant, et
qui paraissaient cultivées par ses mains.
Partout je voyais Blanche ; elle animait
tous les objets ; l'espérance et la joie se
partageaient mon cœur. Je passai par
un petit berceau, sous lequel nous nous
étions souvent reposés, et où nous lisions ensemble. Je vis sur un banc un
gant et un livre ; c'était le gant de Blanche, c'était un volume de Métastase
que je lui avais donné. Le gant marquait mon passage favori; je le pressai
contre mon cœur avec transport. « Tout

est sauf, » m'écriai-je, « elle m'aime, elle est toujours à moi ! »

Je franchissais d'un pas léger cette avenue dans laquelle je m'étais traîné si lentement le jour de mon départ. J'aperçus son pavillon chéri, qui avait été le témoin de notre dernière entrevue. La fenêtre était ouverte, la même vigne grimpait le long de la croisée, précisément comme au moment que Blanche en pleurs m'envoya ses adieux. O quels transports excitait en moi le contraste de ma situation! En passant près du pavillon, j'entendis les sons de la voix d'une femme; elle me pénétra et frappa mon cœur, à ne pouvoir la méconnaître. Avant de pouvoir le penser, je *sentis* que c'était la voix de Blanche. Je m'arrêtai un instant, maîtrisé par mon agitation : je craignais de paraître si subitement devant elle! Je montai lentement les marches du pavillon. La porte était ouverte : je vis Blanche assise à une table; elle me tournait le dos ; elle chantait un air doux et mélancolique, et s'occupait à dessiner. Un coup-d'œil me suffit pour me faire voir qu'elle copiait un de mes tableaux. Je restai à la contempler, livré aux plus délicieuses émotions. Elle cesse de chanter; un profond soupir, presqu'un sanglot, lui échappa : je ne pus me contenir plus long-temps. Blanche! m'écriai-je d'une voix à demi-étouffée. Elle tressaillit au bruit, rejeta en arrière les boucles de cheveux qui flottaient sur son visage, jeta un regard sur moi, et poussa un cri perçant; elle serait tombée à terre, si je ne l'avais retenue dans mes bras.

« Blanche! tu es à moi, Blanche ! » m'écriai-je en la pressant contre mon sein; ma voix se resserrait dans les sanglots d'une joie convulsive. Elle était dans mes bras, sans connaissance et sans mouvement. Alarmé des effets de ma précipitation; je savais à peine que faire. J'essayai par mille tendres expressions de rappeler ses sens; elle les recouvra lentement, et, entr'ouvrant les yeux : « Où suis-je? » murmura-t-elle d'une voix faible. « Ici, » m'écriai-je, en la serrant contre ma poitrine; « ici, pressé sur le cœur qui vous adore, dans les bras de votre fidèle Octave. «—Oh! non! non! non! » s'écria-t-elle, reculant avec une force subite, et agitée de terreur; « hors d'ici, hors d'ici, laissez-moi! laissez-moi! »

Elle s'arracha de mes bras, s'élança dans un coin du salon et se couvrit les yeux de ses mains, comme si même ma vue lui eût été funeste. J'étais frappé de la foudre. Je ne pouvais en croire mes sens. Je la suivis, tremblant, confondu : j'essayai de lui prendre la main; mais elle repoussa la mienne avec horreur.

« Grand Dieu ! Blanche, » m'écriai-je; « que signifie cela? est-ce ainsi que vous me recevez après une aussi longue absence? est-ce là cet amour que vous me juriez? »

Au mot d'amour, un tremblement la saisit; elle tourne vers moi ses yeux égarés par l'effroi. « Plus d'amour! non, non, plus d'amour! » dit-elle d'une voix entrecoupée, « ne m'en parlez plus; je,... je suis mariée ! »

Je chancelai, comme si j'avais été frappé d'une blessure mortelle. Le coup porta jusqu'à mon cœur. Je saisis le chassis de la croisée, pour m'appuyer; pendant quelques minutes tout fut chaos autour de moi : quand je repris mes sens, je vis Blanche étendue sur un sopha, le visage caché dans le coussin et livrée à des sanglots convulsifs.

L'indignation que me faisait éprouver sa légèreté surpassa en ce moment tout autre sentiment.

« Infidelle! parjure! » m'écriai-je, en parcourant la chambre. Mais un nouveau regard jeté sur cet être si beau plongé dans l'affliction arrêta mon emportement. La colère ne pouvait régner dans mon ame avec l'image de Blanche.

« O Blanche! » m'écriai-je au désespoir, « aurais-je pu me l'imaginer? pouvais-je croire que vous m'eûssiez trahi!»

Elle releva son visage baigné de larmes, défait par la douleur, et m'adressant un regard de reproche : « Moi, vous trahir! on m'avait dit que vous étiez mort!.»

« Quoi, » répondis-je, « malgré une correspondance toujours suivie. »

Elle me regarde d'un air égaré. « Correspondance? quelle correspondance?»

— « N'avez-vous pas reçu constamment mes lettres, et ne m'avez-vous point répondu ? »

Elle joignit les mains avec ferveur et solennité. « Comme j'espère en la miséricorde divine !... Jamais ! »

Un horrible soupçon frappa mon esprit. « Qui vous dit que j'étais mort ? »

— « On m'a raconté que le vaisseau sur lequel vous vous étiez embarqué pour Naples avait péri dans la traversée. »

— « Mais, qui vous fit ce rapport ? »

Elle s'arrêta un instant et trembla. « Philippe. »

— « Puisse le Dieu du ciel le maudire ! » criai-je en levant les poings.

— « Oh ! ne le maudissez pas ! ne le maudissez pas ! il est, il est, mon époux ! »

C'était ce qui manquait pour expliquer tant de perfidie. Mon sang bouillonnait dans mes veines comme un feu liquide. Je haletais avec une rage trop forte pour l'exprimer. Je restai quelque temps égaré dans le tourbilo- des horribles pensées qui s'emparaient de mon esprit. La déplorable victime de l'imposture crut que c'était elle qui excitait ma colère. Elle murmura faiblement sa justification. Je ne m'arrêtai pas davantage sur ce sujet. J'y voyais plus qu'elle n'avait cru m'apprendre ; je voyais d'un coup-d'œil comment nous avions été trahis tous deux.

« C'est bien, » dis-je en moi-même, avec l'accent étouffé d'une fureur concentrée ; «il me rendra compte de tout ceci. »

Blanche m'entendit. Une terreur nouvelle altéra ses traits. « Pour l'amour de Dieu, ne le cherchez pas ! ne lui dites rien de ce qui s'est passé ! Pour l'amour de moi, ne lui dites rien ! moi seule j'en souffrirai ! »

Un nouveau soupçon me frappa l'esprit.

« Quoi, » m'écriai-je, « vous le redoutez donc ? est-il dur envers vous ? Dites-moi, répétai-je en la regardant en face et en lui saisissant la main, dites-moi, ose-t- vous maltraiter ? »

— « Non, non, non, » cria-t-elle avec embarras et hésitation : mais l'aspect de son visage m'en apprit plus que des volumes. Ses traits pâles et défaits, sa frayeur subite, et l'angoisse peinte dans ses yeux, me dirent toute l'histoire d'un cœur brisé par la tyrannie. Grand Dieu ! cette brillante fleur m'avait-elle donc été arrachée pour être ainsi foulée aux pieds ! Cette idée me transportait de fureur. Mes dents se serrèrent ; mes mains étaient contractées ; ma bouche écumait : toutes mes passions semblaient s'être fondues dans cette rage qui, comme une lave brûlante, bouillonnait dans mon sein. Blanche s'éloigna de moi, muette de terreur. Comme j'approchais de la fenêtre, mes yeux se fixèrent sur l'allée. Moment fatal! j'aperçus Philippe, à peu de distance : mon esprit était en délire. Je sautai du pavillon, et j'arrivai près de Philippe avec la rapidité de l'éclair. Il me vit comme j'allais m'élancer sur lui. Il changea de couleur, regarda de côté et d'autre d'un air égaré, et comme s'il eût voulu fuir, et tira son épée en tremblant.

« Misérable ! m'écriai-je, vous faites bien de prendre vos armes. »

Je n'ajoutai pas un mot, je tirai vivement un stylet ; je parai son épée qu'il tenait d'une main mal assurée, et je lui enfonçai mon poignard dans la poitrine. Il tomba du coup ; mais ma rage n'était pas assouvie. Je sautai sur lui comme un tigre altéré de sang : je redoublai mes coups. Dans ma frénésie, je le déchirai ; je le saisis à la gorge jusqu'à ce que de nouvelles blessures et les convulsions de l'étranglement le firent expirer sous mes mains. Mes regards restèrent attachés sur ce visage que la mort rendait horrible, et qui semblait fixer sur moi ses yeux sortant de la tête. Des cris perçans m'arrachèrent à mon délire. Je regardai autour de moi, et je vis Blanche qui accourait vers nous comme une insensée. La tête me tourna. Je n'attendis pas qu'elle arrivât, je fuis de cette scène d'horreur ; je fuis à travers les jardins, comme un nouveau Caïn, l'enfer dans mon cœur et la malédiction sur ma tête ; je fuis sans savoir où, et presque sans savoir pourquoi. Je n'avais plus d'autre idée que de m'éloigner, de m'éloigner toujours des horreurs que je laissais derrière moi, comme si j'avais pu créer un espace entre ma conscience et moi. Je m'enfuis jusqu'aux Apennins, et j'errai pendant plusieurs jours sur ces montagnes sauvages. Comment j'existai, je ne puis le dire ; je ne sais combien je bravai de précipices, ni comment je gravis les rochers. J'allais en avant, toujours en avant, cherchant à fuir la malédiction qui pesait sur moi. Hélas ! les cris de Blanche retentissaient pour toujours à mon oreille. L'horrible figure de ma victime était pour toujours devant mes yeux ; le sang de Philippe s'élevait de la terre et criait contre moi. Les rochers, les arbres, les torrens, tout retentissait de mon crime : alors j'éprouvai combien les angoisses du remords sont plus insupportables que tout autre tourment de l'ame. Ah! si j'avais pu arracher de mon cœur le crime qui le rongeait ; si j'avais pu recouvrer l'innocence qui avait régné dans mon ame jusqu'au jour où j'entrai dans le jardin de Sestri ! si j'avais pu rappeler ma victime à la vie , je sentais que je l'aurais revue avec transport , quand même Blanche eût été dans ses bras.

Par degrés cette fièvre frénétique du remords se trouva changée en une constante maladie de l'esprit, en une des plus terribles maladies qui aient jamais accablé un malheureux. En quelque lieu que j'allasse , la figure de celui que j'avais tué semblait me suivre : en quelque temps que je tournasse la tête, je le voyais derrière moi , hideux et dans les convulsions de la mort. J'ai essayé tous les moyens de me soustraire à cet horrible fantôme , mais en vain. Je ne sais si c'est une illusion de l'esprit, une suite de ma première éducation au couvent, ou un fantôme réellement envoyé par le ciel pour me punir; mais il est toujours là, à toute heure, en tous lieux. Ni le temps, ni l'habitude n'ont pu me familiariser avec la terreur qu'il me cause. J'ai voyagé de pays en pays, je me suis plongé dans les plaisirs, essayant la dissipation et les distractions de toute espèce, tout est en vain. J'eus enfin recours à mon pinceau, comme à une épreuve désespérée. Je peignis la fidèle ressemblance du fantôme : je le plaçai devant moi; j'espérai qu'en voyant sans cesse la copie je diminuerais l'effet que produisait l'original ; mais, au lieu de diminuer ma misère, je ne fis que la doubler. Telle est la malédiction attachée à mes pas, qui me rend la vie à charge et me fait songer à la mort avec effroi. Dieu connaît tout ce que j'ai souffert ; mes jours et mes nuits de tourment sans relâche, le ver rongeur qui ne me laisse aucun repos ; le feu inextinguible qui consume mon ame ! Il connaît les injustices qui dénaturèrent mon caractère faible et changèrent les plus tendres affections en une fureur meurtrière. Il sait si un être fragile, sujet à l'erreur, n'a pas expié, par de si longues tortures et par des remords sans cesse renaissans, le crime d'un moment de délire. Souvent je me suis prosterné sur la terre, et j'ai imploré Dieu pour qu'il me donnât une marque de pardon et qu'il me laissât mourir.

J'avais écrit ceci depuis quelque temps. Je voulais vous laisser ce récit d'infortunes et de crimes, pour vous le faire lire lorsque je ne serais plus.

Le ciel a exaucé enfin ma prière. Vous fûtes témoin de mon émotion hier soir dans l'église quand les voûtes du temple retentirent des paroles d'expiation et de rédemption. J'entendis une voix qui, au milieu de la musique, s'adressait à moi ; je l'entendis s'élever au-dessus du bruit de l'orgue et des voix du chœur ; elle m'adressa des sons d'une céleste mélodie ; elle me promit miséricorde et pardon, mais elle exigea une expiation complète. Je vais la faire ; demain je me rends à Gênes pour me livrer à la justice. Vous, qui avez eu pitié de mes souffrances, qui avez versé sur mes blessures le baume de l'amitié, n'abhorrez pas ma mémoire, à présent que vous connaissez ma vie ; pensez que lorsque vous aurez lu mon crime, je l'aurai expié de tout mon sang. »

Quand le baronnet eut fini, chacun exprima le désir de voir le tableau de cet effrayant visage. Après bien des intances, le baronnet y consentit, à condition que ses convives iraient voir le portrait l'un après l'autre. Il appela sa femme de charge et lui donna l'ordre de conduire chacun de ces Messieurs, seul, à la chambre. Ils revinrent tous, en s'exprimant d'une manière diverse ; les uns affectés d'une façon, les autres d'une autre ; les uns plus, les autres moins, mais tous tombant d'accord qu'il y avait dans ce portrait quelque chose qui produisait un effet étrange.

J'étais dans l'embrâsure d'une croisée avec le baronnet, et je ne pus m'empêcher d'exprimer mon étonnement. « Après tout, dis-je, il y a dans notre constitution certains mystères, certains mouvemens, certaines influences impénétrables, qui nous justifient en quelque sorte d'éprouver des mouvemens superstitieux. Qui pourrait expliquer comment tant de personnes de caractères si différens, sont aussi singulièrement affectées par un simple tableau ? »

— « Et surtout quand aucune d'elles

n'a vu ce tableau », dit le baronnet en souriant.

— « Comment, m'écriai-je, personne ne l'a vu ?

— » Personne, répliqua-t-il, posant un doigt sur ses lèvres pour me recommander le secret. Je trouvais quelques-uns de ces Messieurs disposés à plaisanter, et je ne voulais pas que le souvenir de mon pauvre Italien donnât matière à leurs railleries. J'ai donc ordonné à ma femme de charge de les mener chacun dans une chambre différente.

Ici finissent les histoires de l'homme aux nerfs sensibles.

FIN DU PREMIER VOLUME.

TABLE DES MATIERES.

	Pag.
Le grand Inconnu	5
Le Dîner de Chasse	11
L'Aventure de mon Oncle	25
L'Aventure de ma Tante	59
L'intrépide Dragon, ou l'Aventure de mon Grand-Père	73
Aventure de l'Étudiant Allemand	103
Aventure du portrait mystérieux	121
Aventure de l'Etranger mystérieux	145
Histoire d'un Jeune Italien	169

Les OEuvres complètes de M. WASHINGTON IRVING forment 20 vol. in-12.

Prix.......................... 50 fr.

TITRES DES OUVRAGES DE M. WASHINGTON IRVING.

CONTES D'UN VOYAGEUR, 4 vol. in-12.
KNICKERBOCKER, histoire facétieuse de New-Yorck, 4 vol. in-12.
LE CHATEAU DE BRACE-BRIDGE, 4 vol. in-12, nouvelle traduction.
ESQUISSES, 4 vol. in-12, nouvelle traduct.
SALMIGONDIS, 4 vol. in-12.

www.ingramcontent.com/pod-product-compliance
Lightning Source LLC
Chambersburg PA
CBHW050334170426
43200CB00009BA/1589